述往

述往事，思来者

陆昕 著

京华忆前尘

北京出版集团公司
北 京 出 版 社

图书在版编目（CIP）数据

京华忆前尘 / 陆昕著. — 北京 ：北京出版社，
2018. 3
ISBN 978 - 7 - 200 - 13285 - 4

Ⅰ. ①京… Ⅱ. ①陆… Ⅲ. ①散文集—中国—当代②
杂文集—中国—当代 Ⅳ. ①I267

中国版本图书馆 CIP 数据核字(2017)第 237767 号

京华忆前尘
JINGHUA YI QIANCHEN
陆昕 著
*
北京出版集团公司
北京出版社 出版
（北京北三环中路 6 号）
邮政编码：100120
网 址：www.bph.com.cn
北京出版集团公司总发行
新华书店经销
北京华联印刷有限公司印刷
*
880 毫米×1230 毫米 32 开本 12.125 印张 225 千字
2018 年 3 月第 1 版 2018 年 3 月第 1 次印刷
ISBN 978 - 7 - 200 - 13285 - 4
定价：48.00 元
质量监督电话：010 - 58572393

黄昏灯火，晚风思绪。

——作者自题

目 录

心底之光

重温和醒悟

谈诗论文

春明梦影

关于北京

许多外地朋友到北京游览后，多少有些失望。理由是北京除了有些庙宇楼阁以及长城故宫，也都是高楼大厦、广场马路，和自己家乡差不了多少，有些地方还不如自己老家。

我是这样觉得，北京确实从文化上不应完全是一个高楼林立、灯火灿烂、车水马龙的城市，不全是一个娱乐化的只有消费功能的城市。它的魅力在于，像一座由历史砌就的长城，一个广阔隐秘的深宫，里面有许多值得挖掘的事物。这事物就是它的文化，这文化的体现就是四合院。

生活在地上（院里）和生活在天上（楼里）从文化上说是两种感觉。生活在四合院，头顶天，脚踩地，空间辽阔。房前有花，房后有树，亲近自然。同时不管你是否愿意，街坊四邻磕头打脸，总得有个来往。一人有事，总有人相帮。一家有难，总有四邻相助。同时也少不了传老婆舌的，站墙根儿的，听闲话的。真假虚实，喜怒哀乐，丰富着我们的生活。

如今的广场舞、健身场、小花园是代替不了过去的，无法再感受、体验、触摸这个城市。衣食住行全面提高的同时，人口一浪胜过一浪冲击的同时，文明必须放弃。作为我，放弃的第一步，就是很少散步了。但我也想得开，一切有中来，无中去。再重复无生有，有生无。只不过每回重复的形态，是否我希望的样子，又谁知道。

北京的深

我觉得北京的特点不是大，而是深。谁来了，都是先掉进海里，再往起浮，然后，有本事的开始游。在这个地方，想长久很难，想以权势压人很难，想混出头儿来很难。但是，以历史来看，它公平。千年以来，出了多少万岁，但最终一个百岁没有。在这儿要威风，以为自己能怎样怎样，事实证明是不行的。为什么？就是深。而作为百姓的我们，活在深水中是愉快的。

乡情

我的祖先世世代代在北京居住，是北京的风水养育了我的祖辈。因此，多年来我也一直为北京的风貌不断失落而心焦。

不过，我以前从没有仔仔细细地问过自己，究竟爱北京的哪些，以及为什么爱。只是觉得自己从感情上爱得很深很深，似乎这已经够了，不必多想。近来无事，将我素所仰慕的张中行先生集中有关回忆北京的文字通读一遍，再三品味，不禁感到这些文章对我从内心到视角都是一种前所未有的冲击。这是以前零碎读张先生关于旧北京往事的文章时所没有的。这种感觉就像于冷雨幽窗之下重温已逝风景，让几十年前的沉沉夜色一下流入心底。虽说江山没有自古不变的道理，万物只有在变中求生存，但每一想到、看到京城现状，心里总有些许的惆怅。这种惆怅来自两个方面，一方面，我对老北京风情人物市井宫苑充满无限眷恋以及随之而来的融于血液深入骨髓的挚爱；而另一方面，对我所熟悉的所生所养的家乡风景正在不断消逝而感到无奈以及由此而生的四顾茫茫无人共语的失落。所以，当我读罢张先生的著作便不禁自问，除了北京是我的家乡而自然生出的乡情外，我对北京的依恋到底有哪些？依着张先生文中的轨迹，梳理自己的脉络，过去的朦胧似乎变得清晰，大致说有这样几个方面：

首先，是对以北京大学为代表的中国老一代学者的敬仰以及对他们特立独行的个性的崇拜。张先生文中记述了数十位北大老学长的音容笑貌，生动异常，活泼有趣，可谓栩栩如生，读后常使人忍俊不禁又敬佩不已。然而这也让我想到另一个问题，为什么近几十年就很少出现这样极具个性极有个人魅力的学者教授？我所供职的大学的领导就曾认为，教授必须具有个性和个人魅力，然而纵目四望，却未见有何魅力者。北京的风水未变，土壤未变，为何那引领风骚的人们却未能重振前辈风采？当然，板子不能全打在今人身上，可前人的文采风流俱往矣，确是不争的事实。所以，只有在张先生的宏文中，才能一睹前辈学者清迈高绝的身影，聆听振聋发聩的议论。

其次，由名山胜水引起的对历史的沉思。北京似乎处处是名胜，每一处名胜都可让人神思飞驰。张先生在文中对昔日所游览的地方做描绘时，看似运笔很轻，而其中的意很重。北京作为几代帝都，历史的飓风总先从这里刮起，最后席卷天下。然而，风平浪息之后，朝廷换了，帝王换了，王侯将相焕然一新，唯有山河不变。正如孟浩然诗：“人事有代谢，往来成古今。江山留胜迹，我辈复登临。”北京的每一处名胜，都可以使人触摸到沧桑，感受到风云，进入无限而又永恒的历史时空，这就是北京的魅力所在。

再次，由闾里街巷引发的市井风情。自古生活分两种，一是富民，一是平民。富民虽然阔绰，却相对封闭；平民虽俭朴，却最大众。北京的平民生活，最大的特点就是节奏舒缓步履悠闲知足常乐安土重迁。所以，在北京人的眼里，悠悠的蓝天，漫漫的大地，长长的岁月，昭示北京人就该这样不紧不忙细水长流地度过悠闲的日子。尤其那含意深远的四合院，聚拢着一家又一家一代又一代子子孙孙；那院中的花草树木，接着地气通着天气的房舍楼台，昭示着人和自然相处得那么和谐。张先生的笔下，市井像一个飘忽的梦，一片冲淡的云，带给人无限惆怅无比甜美的回忆。

最后，是北京平民的个性。北京最大的特点就是好凑个热闹爱发个议论关心国家大事也好管个闲事。这些年，随着市场经济的发展，北京人越来越受到批评，南方人评价北京人只用一个字“懒”。天子脚下的北京人当“爷”当惯了，一时适应不了快速多变的生活节奏，将自己放到了有些尴尬的位置。但北京人有个最突出最传统的美德，人们却不曾注意，这就是古道热肠。用什么具体的事或人来形容古道热肠？我来引一段张先生的记述，他在《洪洞会馆》中记下了一位他的乡亲，世五大哥。这位世五大哥是个极平凡的人，靠卖早点为生，文化不高一生潦倒，然而豪爽、正直、爱谈。他过世后，张先生还没理由地来到那人去房空的院落看看。为什么呢？张先生于文中说：“同院人看见我，更亲热，我知道，这定是推想我必感到失落了什么，很悲痛。失落了什么呢？朋友？不够。老弟兄？还不够。应该说，到我已经走上某一条路的时候，还把我看作少不更事时时需要他照护的人。”这就是北京人遗存的古风。

当我写完这篇文字，抬头望了望窗外，眼下正是最美丽的北京的秋天。天空高朗而遥远，明净而灿烂，放射出纤尘不染的蔚蓝。它，辽阔如大地，雄沉似大海。这如同海洋、大地的天空显得如此庄严而浩瀚，每每令我心潮澎湃，腾起勇敢正视人生的使命感，引起对祖国和家乡无穷尽的崇拜。

我爱北京秋日的蓝天，我爱北京的过去和未来，生我养我的家乡，永远是我心中的至爱。

古巷

昨夜梦中，回了趟“故居”。今日清晨，一种抑制不住的思念就真的让我去“故园”走了一趟。

当我从地铁站出来，望见那片原来叫作达智桥、方壶斋的地界时，心里就隐隐开始激动。不过这里已为钢筋水泥的现代化建筑“庄胜百货”盘踞，好在它的后面，还是原来那些老胡同和破平房。

在豪华富丽的庄胜商场后，堆着一大片似乎永远清理不完的垃圾。就在这垃圾旁边，无数地摊形成了一个自发的“小市”。地摊上的旧物其破旧程度及物品之杂，让人怀疑就是摊主顺手从旁边的垃圾堆里捡来的。卖主衣衫褴褛，买主也多是囚首垢面，让人看了不禁生出“武大郎玩夜猫子，什么人玩什么鸟儿”的感慨。小市对面是个停车场，各式汽车挤得满满当当。

从车上下来的红男绿女每经过此地奔庄胜时，总是加快了脚步，生怕受到了污染。我沿摊巡看，想寻出逛破烂儿市的快乐，然而白费力气。相反，倒隐隐有一种悲凉，平添了些许惆怅。

进海柏寺街经后青厂便到了我的“故园”前青厂，今日已唤作“椿树园”的地方。矗立在眼前的是一片四四方方整整齐齐的公寓楼，我家那两进的四合院早已化为瓦砾沙石，埋葬在它的下面。我呆立了一会儿，转身离开了。

再向前走，过周家大院，到了柳巷口儿。那家当年我上小学时常在此买早点的早点铺还在，我一瞧，有油饼儿和大火烧。卖油饼儿的中年妇女还挺亲切，一句问话就把我带回到二十多年前。“来一套？”一套，即指一份儿大火烧夹油饼儿。如今卖早点的北方人不多，南方人做早点，炸油饼儿而不烙大火烧，更不懂什么叫“一套”了。我听着这熟悉的话语和腔调，不禁心头一热，来了“一套”，又来了碗“豆腐脑儿”，进了店，在脏兮兮的桌旁坐下来。

不知为何，我有时爱在这房屋潮湿、光线阴暗、桌上地上汤水淋漓的小店吃饭，因我觉得这里最富市民情调。我知道自己有一种深深的市民情结，市井生活对我来说有一种莫大的吸引力，在脏、暗、潮、破的小铺里，看那些所谓引车卖浆者之流出出进进，听着他们相互间高腔大嗓地笑闹，和老板娘粗鲁无羁地调情，以及老板娘回过来的笑骂，啃着火烧，吸溜着豆腐脑儿，我心里总有快乐和满足。在这最嘈杂最市井最乱纷纷闹腾腾的地方，我却有了远离尘器的感觉，身心彻底轻松的感受。也许，这是我想象中的最真实最自然最去掉了浮饰和光环的生活，使我能直窥人心中最本质的生活欲望。它朴实无华，就像店外那株枝叶婆娑的大槐树，那近旁老屋的白墙灰瓦，那街巷拐角处，断壁残垣间生出的簇簇野草。

透过不甚明亮的玻璃，我凝望这街，这巷两旁的树，树后的院门，门后的老屋，老屋的纸窗。回忆和想象着我曾经熟悉和从不相识的人们和他们的生活，进而想起了我自己在纸窗后度过的岁月和喜怒哀乐，出神儿一直到老板娘来唤我。从早点铺出来，我并没有照直向前走那条如今修建得富丽堂皇的明清仿古街，而是钻进了旁边的小巷，这些曲里拐弯的小胡同露出了这片儿民居的本来面目。道路坑洼，破房成片，磨砖对缝白墙灰瓦的老房没有几座保持完好，纵然是那些依然显得高大的门楼，内里一望，也已经脏乱差一应俱全，且堆满了破烂儿，一股股旧物的霉味儿和垃圾的臭味儿，在风中自由地吹拂，令人不敢自由地呼吸。一堵断墙边，紧靠着垃圾桶，停着辆闪闪发光的“大奔”，恶秽不堪且污水四溢的公厕门口，一位身着紧身夹克牛仔裤的青年女子如蹚地雷阵般地从里面小心翼翼地走出来。两位五十多岁的大妈拎着刚买的菜从南边过来，用北京人特有的拖着长腔拐着弯儿的唱花腔似的大嗓门儿聊着顺心或不顺心的事儿，那种旁若无人的样子不禁令人想到皇城根下的人们的特有性格。

顺着东琉璃厂一直走进了大栅栏。这条著名的商业街经过整修，多少有点儿重睹“汉宫威仪”的感觉。但细细看去，也是力不从心了，只求个大面儿，细处仍露出不少陈旧的破绽。好在人们来此多半是买东西的，谁也不费精劳神寻找失落的世界。从西向东，很快走完，过了马路，直对着来到鲜鱼口。

当我来到便宜坊烤鸭店门前，眼见其门庭甚为冷落，简直有些凄惨。而适才从全聚德门前走过时，那嵯峨如宫殿般之建筑，门前如军营之方阵般排列的汽车，那人来人往所掀起的喧腾与笑语，比之于此处的静无声息，和门前贴出的“酱肉十三元一斤”的纸条，犹如朝阳之对夕阳，早霞之对暮色，少女之对老妪。那一份清冷落寞，就像一部已逝的历史，洗尽的铅华，令人心中无限悲凉。这不仅因为两地只相隔数十步，还因为老北京人都知道，说起烤鸭，先有便宜坊。而今，河东河西了。

再往里走，著名的炒肝店“天兴居”也是无精打采的样子。店堂陈旧，光线阴暗，设备简陋。正中墙上，一块讲述此店光荣史的牌子上，头一句话就错了一个字，“名噪京城”写成了“名躁京城”。那位看似经理的中年人听我说了后，回答道：“您是有文化的人。我们这牌子挂这儿好几年了，没人给指出来。”我说：“您想，这躁从足旁，是跺脚；那噪是口旁，是喊叫。要扬名你是拿脚跺啊还是拿嘴嚷啊！”然后我坐下吃了两碗炒肝，结账，出店，继续向前走。

胡同如今已显得狭窄，两旁是老旧的楼房，看那样式都是民国甚至是更早些时造的，每座都很小，只有两层，大多是中式的，也有中西合璧式的。所有的楼房都有个共同点，破。门窗歪斜，墙皮剥落，油漆斑驳，雕饰残缺，感觉既昏暗又阴沉。楼顶倚里歪斜，时有倾圮之状，黑洞洞的破窗户有许多已用横七竖八的板条钉死，似乎担心里面随时会跑出鬼怪和幽灵。

我在楼下驻足，仔细回味，觉得它们好像是一种见证，仿佛是一种诉说。见证着历史，诉说着未来。它们也曾鲜亮过，也曾令人流连过，也曾令人艳羡过。它们有过辉煌，因为这是条著名的商业街，这些都是当年的铺号。想当年此处商贾云集，车马辐辏，士女摩肩，行旅如流。那一番奢华，那一种风流。而今呢？已被雨打风吹去，顺着历史的潮流，衰落再衰落，面临着灰飞烟灭。尽管下面能用的房子仍然苟延残喘，包给外地人卖着大饼，开着发廊，将各种真假不分的食品、日用品兜售，但也只是这些房子回光返照时发出的最后余热。望着它们，我不禁想到古老的格言，创业难，守成更难。而我想再说的是，守成就要创新，而创新，更难。也许它们的主人正是因为单纯的守成，它们今天才一个个落成了这般模样。

沉沉天幕下，我起了兴亡之感。《桃花扇》中唱道："你看他盖高楼，你看他宴宾客，你看他楼塌了。"时光荏苒，岁月迁延，沧桑巨变，一项事业，一个家族，一座江山，如何长久得了？

在这样思绪的指引下，我边向前走边看那两边的旧房，在每一幢老房的建筑上寻找韵味尚存的遗迹。在摇摇欲坠的楼顶，有时我会为发现一段雕花栏杆而止步；在残破不堪的门廊，我也往往会为尚存的一块砖雕图案而凝神；有时，会为一扇普普通通的格子窗户而引动思绪；更多的却是面对那些再也找不出一点儿韵味，简直是一堆大垃圾的破房，从中竟涌起一阵阵悲伤。

在这狭长的胡同里，墙根儿下堆积了无数杂物，这些破东烂西的杂物，使胡同窄上加窄。然而就在这样的环境里，迎面撞来的板儿爷们，一边使劲瞪着大眼，嘴里"嘿嘿"叫着，一边把铃儿摇得山响，脚底下仍旧把车蹬得飞快，左躲右闪犹如武术里的左右腾挪，煞是好看。说话间，我已快走到东兴隆街尽头，正这时，只见一位蹬三轮儿的板儿爷风驰电掣般地闯过来，座上似乎坐着母女二人，在与我擦肩而过时，蹬车的汉子旋风般地把车往边上一兜，拿手一点，嘴里一嚷："瞧！瞧！这就是北京的老房子！"母女俩刚一欠身，他已经脚底下一使劲，一抹头，又朝刚来的繁华的崇外大街方向奔去。

我走上前，看了看那板儿爷指点的房子。这房早无人居住，破烂的门窗，歪斜的门框，剥落的墙皮后面显示出砌房用的碎砖，墙头上的秋草迎着秋阳在秋风中飘荡。唯一可观的是，门廊处隐隐残留着一些雕刻，虽然模模糊糊看不出是什么图案，但它终归是一种什么图案，仅此而已。如果这娘儿俩的目的是为了看看京都的老房子，可让这位板儿爷赚了不少黑钱去。我想。

当我就要走上灯红酒绿一派现代化的崇外大街时，我又回头望了望那渐渐模糊的兴隆街。天空凄清，秋阳惨淡，低矮的平房上，荒草摇曳。街道弯曲而漫长，不知能把人引向何方。不知那远方的尽头，是否合乎我的梦想。但那无穷无尽的街巷，却仿佛凝聚了遥远的岁月和广阔的生活，凝结了历史和沧桑，凝结了我对吾乡吾土的眷恋和一种深深埋藏的希望。

我知道，人们厌恶、诅咒这些破房，这恶劣的生活条件，向往着富丽堂皇。是的，时代在发展，人们应该享受，也有权享受。破房，该拆，拆个一干二净；该消灭，消灭得无影无踪。而历史，不能隔断。历史是民族的见证，尽管这见证曾伴有那么多沉重。今天，当人们把目光转向西方的时候，就我个人来说，我的目光更多地凝视东方。这里是我的故土，我的家乡。我不以民族主义相标榜，然而我对民族的爱，对民族传统、对民族生活的爱，随着岁月的加深，仿佛已融入了我的生命，我的灵魂。

崇外大街，高楼摩天，街宽路畅，是胡同中人们对未来的向往。我却希望，当最终人们实现了理想，不要忘记在先人们居住过的地方，也曾有文化的灿烂和辉煌。

前些年，菜市口扩路，这一带居民拆迁。几个从小一块儿长大的街坊邀我过去看看。我们在骡马市一家临街的饭铺吃了晚饭。之所以挑个临街的地方，是为的让我瞧瞧对面的情形。

果然，昔年我们常常“出没”的果子巷、铁门胡同等的北口，已化作一片瓦砾。沿街的商号铺面房拆得精光，后面露出来的民居也被拆得面目全非。废墟堆里，一些人在忽上忽下地挑着砖头木料，几个小孩子左藏右躲地做游戏。

饭毕，跟朋友们道了别，我独自沿菜市口向北走去，天空是向晚时的青灰色，暮色闪起灰色的幽光。路两旁，是密密的洋槐，走在树下，有密不透风的感觉。只有小小的间隙，闪出一星半点儿的天空，给人以遥远的遐想。

来到西草厂的西口，样子已经大变。道路宽阔平坦，令人舒畅，原来的破房烂舍一扫而光，代之如今随处可见的现代楼房。唯有那附近的居民还是老样子，或肥或瘦的老爷子老太太们摇着芭蕉叶儿在风地里乘凉，穿着整齐或不甚齐整的男人们或打牌或下棋或修车，穿着短衣短裙的媳妇们一边拿眼瞄着四下疯跑的孩子们一边闲扯着家常。某家院墙下，放着六七盆花，而沿墙攀缘着色彩缤纷的喇叭花，粉、白、蓝、黄，更高一点儿还立着几株蓖麻。向前再走不远，一片把天空遮得风雨不透的槐树下，一个身材高大的汉子正和对门靠墙站着的几个街坊聊家常，也许是正说到动情处，他的嗓门儿格外嘹亮："现在这年轻人都会干什么呀！我说你们信不信，四岁时，我就知道帮家里做饭！我就会择菜！六岁时，我就看过仨孩子，我说你们信不信！十七岁那年，正赶上六〇年，什么都没得吃，饿得我拿脑袋往墙上撞。我爸瞧见，问我，你这是干吗呢！我说，饿的！嘿！就把我饿到这份儿上，我没偷过、没摸过人家，连想都没往那儿想过！可现在，瞧瞧！瞧瞧！没法儿说啦！"

旁边是前孙公园，这里没有树。狭长而弯曲的胡同排列着密密的房屋，似乎一直通到很远的地方。胡同上方，苍凉的天空无边无际，电线上头立着两只鸽子，悠然自得地东张西望。电线下面，乘凉的、闲逛的、吃饭的、串门儿的、买东西的、回家的，几乎站满了路。招呼和闲谈声响成一片，蕴含着一股浓浓的化不开的市井味儿，真让我这久居楼房的人，由衷感到亲切。

我喜欢这里，是因为这种闲散的情调可以松弛神经。老北京旧时那散淡悠然的生活韵味不知为何令已经习惯了快节奏生活的我无限留恋。在利欲熏天人心狂躁的今日生活的急速变奏里，这陈旧的景色，似乎特别勾起我对远逝的、于平淡中却有一种幽远飘逸在其中的生活的怀念。那里好像自有一种隽永的情味，仿佛也自有另一个人生的道理。

西草厂的东口没有改造，仍是以前的老样子。小饭馆儿还在，人听说已换了四茬儿，风味儿，多少还留了一点儿。我童年时，家里大人让我上这儿来买山东的刀切馒头。头回来，光带钱没拿粮票，回家拿了粮票，二趟再来，对卖馒头的说："叔叔，我买一斤切刀馒头。"那位回答道："对不起，我们这儿卖刀切馒头，没有切刀馒头。"这下我真拿不准了，又跑回家去请示，挨了好一顿数落后，才又到这儿买回了刀切馒头。

掉头看看，旁边的小菜市场也还是老样子，只不过如今已改成小超市。也是童年时代，某天家里大人派我来看看这里都有什么菜，好打点晚上吃什么。我那时已经认识了几种菜，如西红柿、黄瓜、水萝卜、大萝卜等，回家一说，博得了大人的夸奖，心里一高兴，又想起点儿什么，忙说："我还看见一种菜，可不认识。"家里人说，不认识没关系，你形容形容它什么样儿。我说："那东西长长的、白白的、圆圆的。"于是祖母、我妹妹还有一位表姐一起猜，猜半天猜不出来。后来我突然想起来，说："那上面还带眼儿。"表姐一听，马上说："那是藕吧？长圆儿，白色儿，还带眼儿，没错，准是藕！"于是又挨了一顿嘲笑。

边走边想，不觉已来到宣武门路口，回望故居，暮色如烟，晚霞成绮，街巷两旁古树的密密枝叶，更增添了如烟似雾的街道晚景的凄清。向前望，长天辽阔，大地深远，灯火闪耀。我独立街头，望车行匆匆，人流四去，心中怅惘无极，不知"家"在何方。

钓鱼台国宾馆墙外

钓鱼台国宾馆北墙外，种满一望无际、高高大大的银杏树。银杏树下是茂密的灌木，灌木树下是草丛。因为国宾馆的缘故，四周没有楼房，没有商店，没有民居，也少人迹。因此，我最喜欢在这里散步。

喜欢的原因：黑和静。走在这里，深埋在树叶间的昏黄路灯和一瞬而过的汽车光亮仿佛被黑暗大地吞没。黑暗，像多少重厚厚的帷幄，将自己与世间隔开。这时的自己，似乎恢复了本真和本性。怀念，怀恋，希望，梦想，好像来得比白天更加真实、逼近、生动。你尽可以歌哭长啸，不必为生活、事业和发展而伪装，不必装孙子或装大人。而大人和孙子事实上也没有多少区别，因为大人们的上头还有大人。现实中，戏，往往不像生活。而生活，却很像在做戏。皇帝的新衣，无所不在，形形色色。唯一令我肃然起敬的，是我身边这些花草树木。它们在缄默中开放，飘逝；在沉静中陨落，轮回。

中山公园回忆

中山公园真是凝聚了我太多太多的记忆。小时，音乐堂还演马戏。中国的、苏联的都有。我最爱看狗熊骑车，它刚骑完就追着驯兽员要吃的。小猴骑着羊拍着羊屁股钻火圈。一群穿着花衣服的小狗列队走过，最后一只小狗把写着“随手关门”的小门“嘭”地关上。不久，这里又成了红卫兵开誓师大会炮轰走资派揪斗刘邓的主战场。十多年后，我上大学时，校团委和市团委也常在公园里组织活动。有一次，校团委说里边有交响乐讲座，让来。来了一看，一个很小的礼堂，还半地下。舞台上有个人站着，五十来岁，气质优雅，动作从容。身材中等，声音低沉。后来才知，他就是中国鼎鼎大名的指挥李德伦，后来所有指挥都出其门下。他先放一段某交响曲的片段，然后讲一讲里边的意思。幸亏有他讲，否则我听着就是一堆噪声。他引述某位离经叛道大反学院派的法国音乐家的话，给我印象最深：“音乐应该从朦朦胧胧中来，又回到朦朦胧胧中去。”“音乐应该表达介乎人们理智与感情之间的东西。”后来校团委又让来看电影，法国先锋派，两部连演。一部《半个橘子》，一部《莉莉爱我》。片子都是既无翻译又无字幕。《半个橘子》就是一帮青年男女在屋里吵架，在酒馆砸瓶子。《莉莉爱我》演了多半场，也没见莉莉出来，就看见一帮坏小子。五个人坐一辆车，旁边的副驾驶位空着，后面的座位上却挤着四个小伙子。而且这电影是露天放映，观众随意。因此电影闹腾，台下也沸反盈天。有聊天的，有吵闹的，有吃东西的，有找孩子的，有找厕所的，孩子哭，大人叫，好一个热闹。于是我提前退场，找了个安静的地方在月影婆娑中看中山公园里最负盛名的古柏，心想还是“落伍”比“先锋”强。

现在想来，七十年代末的中国，不论从政治、经济还是文化，都在摸着石头过河。从上到下，谁也不知怎么办。但有一点大家取得共识，再不能搞运动了。没有人愿意当“运动员”。因为当运动员的唯一下场，就是变成“穷孙子”。

北二环公园

昨天中午，我从地铁鼓楼站出来，顺着南边，向东一直走到安定门，想看看当年这块破烂地如今什么样。一看，真是今非昔比，从西向东，槐树参天，花草丰茂，鹅黄嫩绿，点缀其间。尤其树林南边，有一排朱红院门的小院，灰脊青墙，门贴对联“忠厚传家久，诗书继世长”。过去一看，原来此处已被开发，原住居民迁走，拆掉重建后，租给商家卖文化。正看时，有一队膘肥体壮身穿红坎肩儿的老爷子们蹬三轮儿经过，不远处，两堆外地游客一边使劲擦汗，一边听导游忽悠他们进小院看民俗或上三轮儿胡同游。可是往前一右转，一条大胡同豁然开朗，同时一股臊气迎面扑来，不用说，公厕。十五六人在排队。这才是平常人们居住的胡同，对面小饭馆杂货铺一字排开，早上对着厕所炸油条蒸包子，市民们早就习以为常。

应该承认，现在政府对百姓人性多了。当年改革开放初始，从宣武门到西单两边，都是破破烂烂的小平房。这一带是城市中心，外国人见了有碍观瞻，怎么办？很简单，东西两边各砌一道从宣武到西单的“长城”，把居民封在里边。在城墙上掏出一个个城门，供居民出入。这样，老外从外边算是看不见里边了。大家也很适应，没听说有人提意见。

我最舍不得的，是过去院里院外的大槐树。夏日傍晚，一家或一院人缘槐而坐，谈天说地，其乐融融。某次风波之后，曾有人给中央上条奏，砍去槐树，改种杨树。理由如下：槐树向两边长，树荫大，老百姓乘凉闲聊，很容易聊到国事；杨树向上长，树荫小，老百姓没法待，都回家睡觉了。所以，可保安定团结。荒诞可笑也只能付之一笑。

回想小时，最喜欢的时光就是夏天黄昏和晚上，在自家院里和大杂院里听大人们说话，和伙伴们玩耍。帆布的躺椅、高背的竹椅、三条腿的小圆凳、四条腿的小方凳、小马扎、塑料椅带动着回忆；夜空月辉，人间灯火，牵动着朦胧幻想。今天，几十年过去，当一切尘埃落定，你想到的是什么？

游园

昨日下了第一场春雨，极寒冷。穿得少，第一次领略了春寒。今晨，天气放晴，蓝天深湛，白云生辉，空气清凉得像山谷间吹来的风，连鸟声也更加清脆。一切的一切，都展示着一种从自然中拂去浮尘，从人心中拂去浮躁的清新，似乎有一种灵秀之气在天地间滚动。

为了不辜负这好天气，我来到紫竹院。

进门不远就有惊喜。原来在一书摊上发现自己写的一本一直想买而又买不到的专著正在此处削价处理。一问，原价十元，现价五块，十分高兴。问其有多少本，然后掏钱包圆儿，准备分送友人。

随后我直奔自己最喜欢的“钧石苑”。一进门，首先是六七根巨大的石笋，立在高低参差的假山上。绕过石笋，向左转过一个月亮门，则又是一个假山重叠而成的小小园林。清泉明澈，曲径通幽。我在一块大石头上披襟而坐，四顾无人，竹风飒然而至，一股幽冷之气逼人，似不可久留。

循路拾级而上，则至一山坡，柏树茂盛，其上果实累累。信步而去，见有白色巨石数块，每石各书一朱红大字，名之曰："刚勇忠义。"下行数十步，则入一石洞，奇巧玲珑，有"洞天福地"之状，且喜其中无秽物。出洞，峰回路转，为一长长之曲径，两旁太湖石层层叠叠，其形千奇百怪。上为山坡，植竹千数，密密而列，望而生寒。时见林中喜鹊，路旁野鸭，或飞或落，自在栖息。沿径独行，迎清风，听天籁，不觉将尘世万念一涤而尽，飘飘有出世之慨。

直到尽头，复回人间。眼前为一人间所设之馆舍，双扉紧闭，涂成大棕熊的棕色。沿粉墙蜿蜒前行，不觉来到一片建筑前。亭台楼阁曲廊水榭，错落有致富丽典雅。走到最高的一座楼侧，从铁栏杆外向里观望，见其形制规模颇似电视中所见《水浒传》中之鸳鸯楼。闭目凝神，似复见武松在此楼上纵横腾挪，滚滚人头落于刀光剑影之中。不管都监门神还是小童丫鬟，不杀个满门尽绝枉称好汉。其实与其结怨者只二人，枉杀者十五。茫茫人世，真不知何谓英雄。稍作徘徊，即去。

沿此折返，顺山坡草丛间的小路信步，忽至一竹席所围设的竹亭。亭甚宽敞，背山面水，紫竹环绕中，一柳独出，与远处小山遥遥相对。细嫩而长的柳条悬垂着，于优雅而沉静中却透出那么一种灵动的飘逸，真有些令人想入非非。

周围依然杳无人迹。只有四面而至的风，带着柳韵、竹影、草色、鸟鸣以及远山近水蜂拥而前，让人应接不暇，意绪纷乱。而定下心神，静观细听，又似无声，无影甚至无形，真有种境由心造的感觉，不禁让我想起天台山方广寺的一副楹联，"风声水声虫声鸟声梵呗声，总和三百六十天击钟声，无声不寂；月色山色草色树色云霞色，更兼四万八千丈峰峦色，有色皆空”。

话虽如此，但我此时非但未能面壁却没来由想到前日我逛文化宫，站在太庙前时，望见几位游客从旁边那极高极高的红墙下匆匆而过，就像墙角边蠕蠕爬行的小虫，忽然间理解了皇帝为何要把墙砌得如此之高。可就这样，又能免了祖庙社稷落入他人之手？墙是人砌的，人既能砌，难道不能拆？气势磅礴，庄严肃穆并不能使江山永固，皇帝把老百姓看作虫子或是希望老百姓自己把自己当作虫子毕竟只是一厢情愿罢了，正如这眼前的祖庙最终还不是归了黎民？正想着，一只从眼前飞起的喜鹊惊醒了我，使我不禁暗笑起自己，此地虽有禅意，而我终无禅气。本应去参禅或悟道，好好地忏悔自己，我却信马由缰地替皇上反思起来。看来大彻悟我是谈不到，小反省亦无之，终归是一红尘中人。虽也许是站在红尘的边缘，但毕竟未脱去俗气，那也还照着常人的方式生活吧。

下了坡，走不多时即来到近门处。石笋历历，竹影萧萧，遥望小山上有一草亭，亭外柏树森森。心下忽然涌起一种无声之念，仿佛有人正遥作无声之教。细聆，又唯有鸟声细碎，风动水鸣。痴立片刻，离了门，回头望，门前一牌，上书“江南竹韵”。心下不由暗想，身在北国，而能于此做江南之游，幸甚至哉！

夜行记

当我来到宣武门外的时候，日头正将落去。街巷间市声嘈杂，主妇如流，店铺中熙熙攘攘，店铺外小贩云集，地上摆放的土盆木桶中摊着死去的臭鱼烂虾，守在一旁的小贩可着劲儿地叫，叫得口吐白沫，也不知他要卖给谁。墙根儿底下的平板车上堆着西瓜，平板车边蹲着几个汉子，汗透了的小褂敞开着，露出里边毛茸茸的胸脯，其中两个人手里夹着烟卷儿，一边闲聊一边盯着路过的女人们。另一个手里捏着包子，狼吞虎咽地往嘴里送。两旁的民居都已变作铺面房，卖牛羊肉的、卖烙饼的、美发的、做衣服的、卖杂货的，掀起一阵又一阵喧嚣。

从朋友家出来，天已完全黑了，方才市场间那种热闹似乎烟消云散，代之以一片浓浓的日入而息之后的闲散与慵懒。

我没有回家，而是在这片童年时就非常熟悉的胡同中穿行。校场头条，曾是我上中学时每天的必经之路。夜色凄迷，星光稀微，幽暗中，远处高楼大厦的灯火，在天空中反射出淡淡的红光，微微映出胡同两旁破旧的老屋的轮廓，仿佛正以它们那久远的年代，叙述着一个个令人沉湎的久远的故事。

家家户户的门口儿，墙根儿下几乎都坐着乘凉的人们，大老爷们儿差不多都是袒胸露腹，只穿条大裤衩，有的还在肩侧搭块浸得湿漉漉的毛巾，高腔大嗓儿地说话，打扑克、下棋的也不少。中年妇女们多穿裤褂，青年女子们多穿裙装，她们三三五五聚在一起，大多身边都带个孩子，扎堆儿闲聊。只要你注意有些妇女说话时那故意压得低低的嗓音，脸上时而闪过诡秘而得意的笑容，以及那充满警惕的向四周不时张望一下的神色，你就知道她肯定在说三道四飞短流长。特别是当听者发出一两声心领神会或如梦方醒的“噢噢”声后，说者脸上那得意的笑便更浓了，显得十分开心。

密密的槐叶托住幽暗的灯光，于若有若无的风中，在地上摇出破碎的梦影。树下，潮湿的墙根儿长满绿色的苔藓，地上洼着的污水散发着难闻的气味。就在这墙根儿下，一个中年汉子毫不介意地支上躺椅，舒舒服服坐上去，将头一仰，一直抵到潮乎乎的墙上，悠然自得地跷起二郎腿。旁边看似他妻子的一个妇人，则坐在一只陈旧的小马扎上，面带愁容，嘴里不停地念叨着什么，而男人时而不耐烦地打断她的话头。

我沿胡同慢慢走着，时不时朝那些敞开的院门里瞧上一两眼，几乎没有几个院落是成样的。院里的土地坑洼不平，各种污水在那上面流出了九回肠的弯曲状，自搭自建面目丑陋的小棚早使四合院的韵味消失殆尽，尚在生存的树木犹如遭到围剿般挤在墙角房屋之间，各种舍不得扔掉的杂物堆得门道成了一条羊肠道，冒出种种使人难以受用的怪味儿。

在这条胡同的中间，有一位著名学者的家。他的家也和他的声望一样有名，因为那是一座附近少见的带二层小楼的庭院。这位老学者与我的祖辈是至交好友，早已下世，我一直想再到他的门前看看。走到门口，只见双门仍像旧时一样紧闭，门上油漆剥落，上面似曾有过一副隶书对联，如今也已模糊难认。仰头望，小楼依然兀立于深沉的苍穹下，只是更显陈旧，二楼那长长的一排窗户，看去多年遭风雨剥蚀，已呈衰颓之象。只是楼前那两株老人生前十分喜爱高与楼齐的榕树，依旧盛开着粉红的马缨花，在窗前勾勒着夜合欢的梦境，使我想起我自家院中也曾有这样一株榕树，虽然如今它已随院落一同化作灰飞，而我却难忘每年由初夏到盛夏，那粉红色的茸茸小花，娇艳而轻盈，挟着一种融融暖意带给我以绯色的青春梦想。尤其静夜时分，那紧紧拥抱难分难舍的绿叶，更曾让少年时的我怦然心动。难怪人们又叫它“夜合欢”。我不相信叶片会闭得那样紧，曾用手去试图分开，先是轻分，分不开，一点点加力，最后的结果是，手里攥了一把烂如泥的碎叶，真是你中有我，我中有你。

那时我家榕树的下面，还有一盆栽的石榴树，是这位老学者送的。他曾说，这株树是从他家那棵大石榴树移植来的，石榴能结不少，但中看，不中吃，只作观赏用。我见过他家那株大的，枝丫纵横，果实累累，不知如今还在否。眼前重门紧闭，墙院深深，而我也再没了敲门问讯的心情。抚今追昔，虽然此处还是“庭前一树马缨花”，今已“断无消息石榴红”。

从这里向北不远，有一棵用铁栅栏保护起来的古槐。它像一柄巨伞，把地面遮了个严严实实，风雨不透。其树身粗大而庞然，须二人合抱。枝条从南至北，相距足有三十来米，是人们消暑纳凉的好去处。一位坐在树下黑暗中的妇女告诉我，这树听说已有三百四十多年树龄。屈指算来，那刚好是清兵入关的年月，从明亡、清兴到清亡，再从北洋、民国、解放到今日的市场经济、改革开放，江山陵替，人世兴衰，不得暂歇。而眼前这大树却越长越兴旺，它绿得那么浓，那么深，身形那样巨大、雄伟，枝条那么抖擞、有力，使人感到一种奋发的精神，一种不屈不挠的生存意志，似有一种穿越时空长河见证人间历史的博大深沉之美，启悟我们不断重新认识人、岁月、生活这一永恒命题。

回到家里，子夜深寂。月落中天。窗下，我问自己，为何总想去看那对我来说熟悉得不能再熟悉的场景，为何这般留恋过去了的生活和过去的土地？

常常地，在黑暗中，过去的已逝的往昔岁月会悄悄向我聚拢、贴近；水一般消融了现实中的种种烦扰和束缚，让我感到无穷尽的自由，尽情地呼吸，逸出的心灵，身体突然一下松软下来的美妙感觉，松弛了每日绷得紧紧的几要断裂的神经。

普希金作过大意是这样的诗句，不要抱怨今天，因为今天也会变作过去。而过去的一切，即化为美好的回忆。为什么？

这是因为生活的紧迫和匆忙，人们无暇发现、挖掘眼下正在发生的事情和身旁景物的意义，况且这意义自身也需要有一段过程才能为人所识。人生匆匆，行了一程，蓦然回首，方觉自己辜负了已逝岁月中看似平常的好光阴。同时，过去的日子，不管欢乐还是痛苦，毕竟是一个人走下来的足迹，是他不可挽回的生命历程的一部分，旧梦不可重圆，往事不可重温，所以，人们追忆往昔，其实就是对自己生命产生的怜惜。对我个人来说，我更钟情于自己的儿童与少年时代，那是一个不带任何戒心，不带任何偏见，不带任何功利感受生活的时代。那是一个即便哇哇大哭，眼泪也如凝结在花草之上的露珠般美丽的时代。成年以后的泪，却是流向心底的沉重的铅水。因此，我留恋那过去了的生活和过去的土地，那已经消逝和正在消逝的风景唤醒了沉睡在我心中的记忆。

我在胡同里长大，对许多过去的事记忆很深。比如胡同里的男孩儿一般都叫小子，以排行分成大小子、二小子。但到了第三个男孩儿，不叫三小子，叫三儿。第四个男孩儿叫小四儿。若是女孩子，则是大丫头、二丫头、三丫头、四丫头，一路排下来。若是不大念书又不听话，有时间就往街面上跑，则叫野小子和疯丫头。野小子会时常想出些恶作剧，比如一看老头子出来了，就大喊大爷（夜），老头儿一应答，就齐声喊“壶”。若是老太太，就大喊大妈（马），老太太一答应，就齐声喊“桶”。老头儿老太太一边骂一边追，孩子们一边笑一边叫满街跑。

女孩儿若是过了十六七，变得相对沉稳、庄重，就叫姑娘或闺女了，比如二姑娘三闺女。男孩就成了小伙子。有件往事，我十六岁去黑龙江当知青，两年后第一次探亲。进家，赵姨（家里请的保姆）正在院里树下洗衣服，见我就嚷：“嗬！两年没见，都长成的（念四声）老爷们儿了！”弄得我特别不好意思，心想，什么叫“的老爷们儿”？其实，就是大小伙子。顺带说两句，释放国民党最后一批战犯时，赵姨的丈夫回家了，还复了婚。祖母听说后，让我去送了钱。赵姨对我家帮助很多，愿她后半生如意顺遂。

我家前院曾搬来一对青年夫妇。男的浓眉大眼，豪爽热情。见人就笑，爱打招呼，又爱助人。有回我母亲病了，就是他和前院的邻居们帮忙送的医院。他的爱人跟他相反，从来不笑（整脸子），凡人不理。你主动打招呼，她也面无表情，所以没人缘儿。但是男人有个毛病，打老婆。女的也不喊，干忍着。大概有天真给打得忍不了了，跑出来了，这才东窗事发。大家都去劝，男的很尴尬。男人无论在任何情况下都不能打老婆，否则不配做男人。但我每每想起此事，总觉得，人不论男女，都不要吝惜自己的笑。世间需要阳光，人生需要笑。

地震的回忆

一九七六年七月二十八日夜三时，我正睡得熟，忽然眼前一阵强烈的闪光把我惊醒，抬头一望，见南房后面，满天蓝光。哦，闪电。我想。刚要接着睡，又一片蓝光喷薄而出，我猛然看到，蓝光居然是从地上向天空喷射！而且蓝得那么阴沉恐怖！几乎同时，窗户咔啦啦不断巨响。说来也怪，从来没有地震知识的我，光着脚一跃下床，一边大喊“地震”，一边穿过堂屋，冲向东边祖父母的卧室。这时，他们已被我的叫声惊醒，我一边喊“快去院子”，一边抱起祖母（她是缠足，走不快）向屋外跑。但跑到廊子上，脚下忽然像起了波浪，左右晃，不能向前。我紧紧抱住祖母，心想千万不能倒。虽然也许只有几秒，但当时的感觉好漫长。同时，一种强烈的恶心冲了上来，非常想吐。摇摆停止后，恶心也随之消失。回头看了看，祖父也摇摇摆摆地从屋里出来了。下了台阶，把祖母放到院里的椅子上，又回屋里拿了祖母的鞋。这时，父母和妹妹也从南屋来到了院子里。

天亮不久，下起了大雨。又不敢回屋，找了两件雨衣，给祖父祖母披上。雨越下越大，自己年轻倒没什么，可看着他们在雨里浇，心里百爪挠心。终于，十点左右，祖父要回屋里，说，没震死，先浇死了。又过了会儿，祖母问我，我能进屋吗？我说能。然后我搬个凳子坐在廊子上，随时准备有事。

随后几天，满天都是小道消息。京城到处搭地震棚。顺带说一句，北京人的四合院原来很干净，没有私搭乱建。就是家里人多，也是在自己那一亩三分地里想办法，很少打院里的主意。地震一来，开启了民智，给出了理由。既然可以把地震棚搭上马路，怎么不能搭进院里？何况政府还给木头？！由此，由地震棚而小厨房，而住房，而婚房，而违法建筑。

地震不久，人们就开始相互走动探问。祖父有个留过洋爱吃西餐的老朋友来家探望时，带了个头号大砂锅。问为什么，他说，奶制品厂的仓库被震坏了，在门口贱卖奶油。他买了两大块，回家和夫人做奶油红菜汤。砂锅就是为这个买的。房管所挨家挨户查房子。查到我家时，对祖父说，您这房子一百年也塌不了，就是塌了，也砸不着您，四梁八柱。墙塌，砖都往外闪。何况您廊子上还有那么粗的四根柱子。您就踏实住吧。由此，生活恢复了正常。

地震也有不少副产品。人们睡在马路上的地震棚里，许多原本不大相识的街坊四邻很快熟悉起来，又不上班上学，青年男女不少由相识进入恋爱，最终结为夫妻。还有谶语。比如那时年轻人夸什么东西好，常用的几个词，震了，盖了，没治了。用谶语一解释，就是地震了，压住了，送医院一看，没治了。

印象中，九十年代前期，北京又遇小震。那时我住十八层，顶灯拼命晃，房门开了好几扇，我睡觉的木沙发居然跳了一跳。正琢磨是否下去逃命，一看被四面高楼围困的广场已是人山人海，又打消了主意。一种麻木不仁的厌倦袭上心来。只是偶尔想到那夜晚冲天而起狰狞可怖的蓝光，还是心有余悸。

南与北

我是特别喜欢江南的，从人文到山水、民居。不过看了有些文章大赞江南烟雨，倒有些为北方，尤其是北京不平起来。油伞过去在北京用得很普遍，女子盘头成髻，旗袍，绣花鞋，雨天打一柄油伞，在弯曲的小巷子里悠然穿行，是寻常事，非南方独有之浪漫。赞美南女之眼神，说来说去，归结于柔婉。比较北女之眼神，相对于深沉。柔婉如秋水之明澈，深沉如山谷之深潭。而且，“凝望深渊过久，深渊必将回望于你”。尼采这话同样可用于北方女子的魅力。“枯藤老树昏鸦，小桥流水人家”，是作者在北京通州附近所见。其实，小桥流水穿城而过才是江南独有的。而北京的独有呢？当然是秋天。一想起马上要到来的大风起兮云飞扬，无边落木树金黄，心中就涌起了对家乡无尽的自豪感。

爷

说起北京的文化，最鲜明的就是“爷”。以姓氏说，张爷，李爷，王爷；以岁数论，大爷，二爷，小爷；以面目说，俊爷，丑爷，黑爷；以形象论，穷爷，脏爷，邋遢爷；以谋生手段论，倒爷，板儿爷，兵爷，官爷；以爷来评论人，则会说，像个爷，不像个爷。总而言之，谁要想研究北京文化，“爷”是绕不过去。

由此我想起一段往事。因家世，我跟启功先生较熟。我出了第一本书，给启先生送去时，为写赠语，犯了难。启功比我祖父小七岁，是同事。比我大四十多岁，算爷爷辈。我父亲称呼他大叔，我从小称他爷爷。可出书时我也近四十了，感觉用小时称呼不大合适。可称先生，又觉生分。于是还照小时称呼题了。果然，启先生一看就说，咱们不用这称呼。咱们这么着。一会儿我拿个刀片儿，刮掉一个爷字，我就成了启爷，就是张爷、李爷、马王爷的意思。哈哈哈。

又想起冯远征的夫人梁丹妮。她曾在《光明日报》撰文说，一次她接了人艺的一个活儿，演一个风骚的小妓女。上来张口就是这两句："爷，咱干的是灯影里的活儿，您老人家怎么这大清早儿就把咱提溜起来了？"北京话里，说您老人家，不是说你岁数大，而是说你有"份儿"，有影响，跺一脚能震半城。还有把"的"字念四声，念"的哥""的爷"，形容某人有万里长城永不倒的气势，比老人家更上一层楼。

总之，北京的文化，很深很深。

外乡人眼中的北京人

上周末，研究生答辩完，请导师们吃饭，席间有点儿沉闷。我说，你们来北京都有些年了，聊聊对北京人的印象吧。于是众学生各抒己见。现仿照日本当代文学中“眼镜男、电车女”的称谓，依发言次序叙之如下：

徐州女：北京人太傲，皇城长大，虽多数是小民，可自己觉得什么都见过，一身爷的习气。

重庆男：北京人大气、包容，见多识广，还特热情。问路，说得特详细，不像上海。

武汉女：我的印象北京人生活悠闲，慢慢腾腾，不急不忙，老一个劲儿。我们那儿可不这样，差别挺大的。

孝感女：我觉得北京人胸怀大，关注国事，指点江山时特来劲儿。但很少说自己。

承德女：我刚来一年，说不出什么。我就感觉北京的大妈们特有特色，说起话来气壮山河。什么都不怕，什么都不在乎。

保定男：北京人确实说到自己少，心忧天下的感觉。可又特别傲气，谁都瞧不上似的。

洛阳女：北京人说话好听，唱歌似的。一句话就说半句，那半句一骨碌就过去。有几回碰上一群北京人聊天，我还站旁边听了会儿。

苏州女：我们那儿的女孩子和北京女孩儿不一样。南方女孩子勤苦耐劳，虽然敏感多疑，但性情温顺。不像北京女孩儿，动不动就是凭什么凭什么，一说就是三四个凭什么。我们说话前，会想一想语气方式，别让对方受不了。北京女孩儿正好反着来。

鞍山女：北京女孩儿直爽、痛快，不会小鸟依人。不过要论厉害，还是不如我们东北女人。我们要是急了，抄家伙就干。

福建女：我们那儿（福建长乐）家家户户都做生意。大家坐门口乘凉，三两句就聊到买卖。北京人乘凉聊天，海阔天空云山雾罩。恨不得从习近平聊到毛泽东，从蒋介石聊到慈禧。还老说当初要这样这样，现在就那样那样。可这关你什么事？好像就为了显示自己无所不知无所不能。

温州女：我也有这种感觉。最深的印象就是北京人好像没有时间概念。夏天晚上围在路灯底下打扑克、下棋，一堆一堆的，一晚上一晚上的。有这时间，干吗不去找份儿工打？坐大排档吃饭，能从六七点吃到第二天凌晨。反正我觉得北京人挺懒的。

作为唯一的北京人，我最后发言，大致说了这样几个意思：

第一，北京人的标志就是“爷”，从传统文化上说，北京人就是北京爷。爷的最高境界是“爷们儿”。男人评论对方，“够爷们儿”，女人评论男人，“不像个爷们儿”，从正反两方面对“爷们儿”做了肯定。“爷”，一方面指北京人生于京城，见多识广，大气豪爽，而少斤斤计较，抠抠搜搜，小肚鸡肠，猥琐下作。另一方面，指北京人好面子，爱虚荣，能吹善侃，盛气凌人。北京人傲慢又热情，看似矛盾，其实统一。比如外地人问路，他一般会特热情地告诉你，既尽地主之谊，也显示本地人的优势，同时心里会想，你们外地人到这儿就转向了吧？进了皇城怎么走，还得爷指点着。北京人这种既傲慢又热情，既嘴损又认真的特点，即便干了好事也不招人待见，不让人领情，因为全让傲慢和嘴损给找回来了。第二，北京的男人聊天喜欢指点江山，北京的女人讲话气壮山河，这是地方特色。生长于政治、经济、文化中心，天天被环绕在无数上边发布的政令、民间传来的消息里，人们对自身生活的关注很自然地移到了国家层面。第三，北京人的生活确实讲究一个“慢”。也许在这个皇城住久了，就有了深厚的沧桑感。天高地远，岁月悠悠，家里有床，锅里有饭，儿女绕膝，二老双全。这是生活方式的选择，与竞奔逐利日进斗金一样，无所谓对与错、好与坏。至于其他，仁智互见。

然后，道别，散席，各走各的。

京

北京之殇

最近看了不少说外地人和北京人的文章。我的看法作者大多是为自己炒作，找这么一个很容易激化矛盾的话题切入，夸大其词，煽风点火，聚拢吃瓜群众，以求十万加。这种人本来不值一提，但有句话我却一直想说。

“北京是全国人民的首都”，这话可能太普遍了，但您有没有觉得里边的理直气壮豪气干云勇闯红灯呢？同样，如果您的家乡是上海，南京，苏杭，海南，云南，山东，河北，一句类似的话外乡人就可以在您家乡随心所欲了？更重要的，入乡随俗您应该懂吧？过去行军打仗，每到一地，还要拜访父老，体察风尚，尊重习俗，何况文明昌盛的今天。别人进了您的家，大呼小叫，不守规矩，您乐意吗？

北京大多数人其实很好相处。比如老北京世代相传最为看重对对方的尊称“您”，很多外地朋友不会，不会就算了。比如您走路要过到前边人头里去，说声“劳驾，借光”，不是叫“让让！让让！”，外地语言里没这词儿，没有就没有，不必计较。但是您看不到多少北京人的好，横挑鼻子竖挑眼地挑一大堆北京人的不是，您没沉下心来仔细想想吗？

我们都有许多外地友人，外地友人也给了我们许多帮助。所以，我最不想再听到“北京是全国人民的首都”的叫嚣，再不想看到挑拨文章的发表。当然，宝贵意见您尽管提，但险恶用心就免了。说句北京俗话，您玩儿谁呢？！

京

海纳百川　有容乃大

——读《增补燕京乡土记》

邓云乡先生的《增补燕京乡土记》是我爱读的书。这不仅因为我是北京人，读起来十分亲切，更多的是被邓先生对北京乡土的一片深情所打动。在他笔下，连北京的风和雨，街巷旁常见的柳丝槐叶马缨花，院落里多有的湘竹帘绿纱窗葡萄架，都那么诱人。而说起来，邓先生还不算纯正的北京人，五十年代前后又去了上海定居，那么他为什么如此深地挚爱、眷恋着北京呢？

如果说，北京的景致特别迷人，怕也未必。江山各有胜境，比如江浙有“小楼一夜听春雨，深巷明朝卖杏花”；塞外有“大漠孤烟，长河落日”；蜀地有“巴山夜雨，荷池秋涨”。可尽管如此，对北京情有独钟的名人学者还是大有人在。只要读读书刊杂志上的文章，便可知各地人们对北京的赞美与怀念。生于南长于南的郁达夫，一篇《故国的秋》，更是把北京的秋风秋雨秋色秋声描绘得出神入化，令人沉醉。

因此我常常想，他们为什么如此喜爱北京？闲来细品邓先生的书，忽然茅塞大开，意识到了人们喜爱北京的缘故。

其实，人们爱的并不是地域概念上的北京，也不是民风乡俗上的北京，更不是偏爱燕辽蓟北的土著居民，而是喜爱这里因七百年帝都所形成的巨大包容性。北京正是借此在七百余年的漫长岁月里不断聚拢着天下各地的人才，在不断融合的过程中渐渐形成了京都特有的文化传统和风俗习性。

北京的包容性可以由这句话体现：西装革履抿裆裤走在一起，也丝毫没人觉得奇怪。而这包容性的源头来于古代的科举制度。皇帝一旦建都后，便要开科取士，延揽天下人才为自己的统治尽力。于是各路英才纷纷进京、定居，由此带动富商巨贾入京寻商机，能工巧匠来此献技艺，以至贩夫走卒五行八作之人尽皆辐辏京师。

所以，从历史来说，北京人不会排外，也不可能排外，久而久之，便渐渐养成了它的包容性和亲和力，这才是北京最可爱的，也是北京人最值得自豪的。

由此说，北京人的文化，是中华民族整体创造的。全国没有任何一个地方，像北京这样包容了那么多不同地域不同历史不同民族不同阶层的文化与习俗。正是这种得天独厚的条件，使北京人在四面来风中拓宽了心胸，开阔了眼界。

所以，北京的文化，最大体现了民族文化的凸显与凝聚。正如一位著名作家在二十世纪四十年代初到北京时，写下他当时的印象："火车到了东便门，车窗擦着城墙过。剥蚀的城砖布满岁月的风尘，城头长满了杂草，确是一幅破败的衰城景色。然而它仍然唤起我对这座古城的向往，心头蓦地升起崇敬之意。不是因为看到了什么皇家的威严，而是对于我们的历史、民族和文化的一种骄傲感。”

正是这种历史、民族和文化的骄傲感，使外地的人们对北京产生了尊崇和眷恋，而北京巨大的包容性，使外地的人们没有多少不适和陌生。在我们民族文化的向心力和亲和力下，无论东南西北中来自何方的人们，都很容易爱上这座古城。因为，它所代表的文化，是全民族共同的创造培养，是民族大家庭的融会贯通。

大栅栏竹枝词

日前去前门、大栅栏，游人少得出奇，遂得以细游。先游鲜鱼口，今称美食街。后游大栅栏，颇有感。效竹枝词例，有作如下。

其一：

鲜鱼口里无鲜鱼，百年老店天兴居。讵料南人厌淀粉，争道炒肝大名虚。

天兴居：炒肝名店。

其二：

力力餐厅不等闲，当年一餐浪费钱。河东河西轮流转，转到如今卖盖饭。

其三：

暮色空照便宜坊，坊无歌舞有鸭汤。烤鸭原属它最早，不能聚德逐流光。

烤鸭在京是先有便宜坊，后有全聚德。经营不力，非失德。

教坊：唐宋时将罪人之女或买来之女归入教坊，教以歌舞，以宴宾客。

其四：

耳边断续叫卖声，定神细看爆肚冯。此处虽非原住地，肚香汁美味尚浓。

其五：

进店询价问炸糕，薄皮大馅细细包。掌灶师傅火候好，口齿留香入梦遥。

其六：

冰糖葫芦我最爱，沿街一溜排开开。念珠挂鞭皆不见，未能令人爽歪歪。

念珠挂鞭：早先，把山楂做成大圆圈，挂在脖子上，形如念珠。用细长棍儿将山楂高高穿起，形如挂鞭。

其七：

海上泊来生煎包，也到此间凑热闹。皮厚肉糙无汁水，下回绝难把钱掏。

其八：

馅饼周来锅贴王，如今踪迹已渺茫。穆柯寨里炒疙瘩，太君桂英人早亡。

民国时，京城有一名店，专卖炒疙瘩。掌灶母女二人，皆姓穆。时人以佘太君、穆桂英称之。称其店为“穆柯寨”。

其九：

沧海桑田云雨翻，哈尔滨的大冰砖。天下美食齐汇此，荣辱兴衰几番番。

以下大栅栏内：

其一：

祥义谦祥瑞蚨祥，三大绫罗绸缎庄。当年贵人穿梭进，如今店里没的忙。

其二：

伟人照相耀店堂，门可罗雀乞良方。手工纳底老头乐，不敌皮鞋锃光光。

此咏内联升、步瀛斋二鞋店。现今礼服呢千层底早成返照。店内高悬党中央第一代领导人脚穿布鞋照片，更觉回天无力，倍感凄凉。

其三：

游客如织百般忙，人气要数同仁堂。生老病死谁无惧？中成药里老大王。

其四：

珠宝市成破烂摊，“全场十块”叫声喧。偏是这里最拥挤，可知百姓要省钱。

其五：

立体电影记忆深，屏中人物近在身。美好梦幻刚起步，“文革”一来碎纷纷。

此咏大观楼电影院。快“文化大革命”时，这里放映了第一部立体电影，《魔术师的奇遇》。还记得，未开映前，观众每人先发一眼镜，观时戴上，散场收回。

其六：

门框胡同了无痕，灯火昏昏空逡巡。犹记祖父牵我手，卤煮灌肠逐梦魂。

大栅栏内门框胡同是著名卖小吃的地方，好像比护国寺早。今已无存。

其七：

大栅栏里无栅栏，人生乐事样样全。繁华自古终有散，霞飞霞灭不老天。

记《朝市丛载》

我收有清光绪庚寅年（1890年）版《朝市丛载》一书。巾箱本，八册一函，书品完好如新。其序曰："京华为首善之区，仕宦商贾，于斯萃焉。人士繁富，风光丽都，居之数十年，往往不能尽悉其情事，遍历其景物。况初入都门者，宜茫乎若迷也。……举凡禁城之壮丽，衙署之纷繁，以及名人书画，厂肆珍玩，下至游宴之所，饮馔之细，无不备载而详说之。读是编，上可以知神京之掌故，下不至受奸民之欺蒙，庶几作者之意也。是为叙。"

此书八册，每册一卷，共八卷。卷一载衙署制度，卷二载历科鼎甲，卷三载会馆客店，分省以系之。这里有个有意思的现象，即八九十以上的会馆集中在前门、崇文门、宣武门一带，尤以宣武门附近最多。如直隶，直隶老馆，在宣武门外大街路西；河南，孟县会馆，在宣武门外大街路西；山东，山左会馆，在宣武门外校场头条胡同路西；陕甘，关中会馆，在宣武门外大街；江苏，扬州会馆，在菜市口路北；安徽，安徽会馆，在琉璃厂南后孙公园路北；浙江，全浙会馆，在下斜街西头路西；四川，四川老馆，在宣武门外青厂。青厂在琉璃厂最西头，分前青厂和后青厂，我家在前青厂胡同住了七八十年，上述的这些街巷和其他许多胡同，都是我打小就熟悉的。许多同学、朋友、亲戚乃至发小儿，都住这一带，有很多难忘的回忆。

卷四为为各地举子和客商来京指路，计算从各省到京的天数和里程。并有“行路十二则”，教人在外如何防身，免受盗劫坑蒙之各种方法。卷五为“商号、宴会、服用、食品”诸目，看旧时卖的东西的名称挺逗，如帽有暖帽、凉帽、小帽；鞋有方鞋、布鞋、镶鞋等等。“灌肠，耳朵眼儿，在西单牌楼路东”；饽饽有三种，子饽饽，咧子饽饽，炕子饽饽。最亲切的是“狗皮膏，济生堂，在杨梅竹斜街，王回回”。小时候我们小孩子因乱跑乱闹跌打损伤了，大人们总是买两服王回回狗皮膏药给贴上，药到病除，疗效奇佳。另外一个难忘的是“山楂丸，刘炫丹，宣外大街路东”。小时国民经济困难，百姓生活不易，小孩子吃不上零食，嘴里寡得慌。于是进药铺，三分钱一大丸山楂丸，几个孩子分吃，几个孩子围观。

卷六则属文化，有“翰墨、市井、八景、古迹、时尚、戏园”诸名目。其中最可贵者，记录不少戏台楹联。如“在前门外，广和楼上抱柱”有联语曰“学君臣，学父子，学夫妇，学朋友，汇千古忠孝节义重重演出，休道逢场作戏；或富贵，或贫贱，或喜怒，或哀乐，将一时离合悲欢细细看来，定教拍案惊奇”。除此，记各市肆庙宇名胜古迹甚详，足资考据。

卷七名目基本同卷六，多出者有“风俗，技艺，词场，竹枝词”。词场、竹枝词形象地反映了当时的社会生活。有一竹枝词咏眼镜，词曰“方鞋穿著趁时新，摇摆街前迂且文。眼镜戴来装近视，教人知是读书人”。另一咏“纯料眼镜”（墨镜）的则是“玻璃眼镜最为高，作阔由来是富豪。晌午却难高扬面，阳光生火燎眉毛”。这些诗词既生动又幽默地反映了清末西风东渐时，当时的社会风尚及时人的评论。“倒卧”则反映了守分良民对街头倒毙者的看法，诗云“司坊相验费张罗，街市如今倒卧多。守分良民何致此，半为赌鬼半淫魔”。

卷八则录京城各戏班、名伶及所擅剧目。

此书难得。但“古调虽自爱，今人多不弹”。不过今人也罢，古调也罢，我相信它会传下去。因为人的美好记忆既不会褪去，也不会褪色，口耳相传，生生不息，也并非没有可能。

京

竹枝词：大碗茶

日出而作日落息。正阳门上太阳西。茶水担前人声沸，二分一碗张肚皮。

旧日，前门楼子下，有茶水挑子。一张长桌，一条长凳，一溜蓝边大碗，碗中说是茶，但更像泛着黄色的水。多有体力劳动者，袒胸露腹，脖缠毛巾，一扬头，能咕嘟好几碗，豪气冲天，酷似梁山好汉哈酒。我从小钦慕梁山英雄，也就如此这般地学了几回，以茶代酒，学学气势。茶味儿虽淡，但着实解渴。如今无有，蓝边大碗也成民间文物。

似水流年

我的祖父陆宗达（字颖明，语言学家）在二十世纪三十年代初于北大任教时，曾有段时间寄居什刹海边的某座寺庙里，为的是这里离北大近，来去方便。祖父是一个喜欢交游聚友且兴趣广泛的人，尤好昆曲，会百来出，又善吹笛和箫，所以每逢良辰美景当前，必与同好此道的友人们雅集，当时的一番情形，赵元方先生（版本学家、藏书家）曾作文忆道："陆子……寄居什刹海萧寺，讲读之暇，时命俦侣，擫笛而歌，予亦从焉。冬夜歌阕，连臂履冰，月色如银，空池相照，虞卿（文物鉴定家朱家溍先生之兄）引吭长啸，声彻碧霄，古寺寒林，亦生回响，少年意气，颇谓无俦。……"

这些往事我也依稀从祖父那里断续听说过。那时友人们来庙中寻祖父游玩，总喜在寺庙山门前相聚，这里有一片空地，正对着后海湖面，且有几株古槐，夏日浓荫蔽天，凉风习习，冬日枝干虬曲，古意盎然。祖父及友人们吹笛的吹笛，唱曲的唱曲，一曲终了，余音未绝，复腾喧笑，直至灯火阑珊万籁俱寂方才散去，为图便利，众人直接下湖从什刹海的冰面走到对岸上马路。湖上冰滑，大家互挽手臂以免摔倒。此时朱家济犹有余兴，引吭一声长啸，惊得昏鸦纷起，湖边古寺寒林，隐隐亦有回声，大家齐声赞好，真是其乐无穷。祖父又曾说，也有时他一人拿了箫或笛，在星稀月朗的夜晚或细雨迷蒙的黄昏，坐在庙门附近或古槐下，面对茫茫烟水，将箫慢慢地吹，其声深远，可达一种幽渺的境界。如果吹笛呢？其声清越，又自有一种飘逸的妙趣。若值春秋佳日，更是呼朋唤侣，画船载酒，灯影桨声，则当是另一番情景。

祖父又曾说，什刹海的北岸，还有个常去的地方，即“烤肉季”。那时虽只是个棚子，烤出的肉却比现今的好吃。旁边有个挂着“临河第一楼”牌匾的茶馆，也备有酒水和酒菜。每年到了赏荷纳凉的季节，也就到了吃烤肉的时候，祖父等人往往先往“烤肉季”，效蒙古遗风围在烤肉的支子旁，一足踏地一足踏板凳，一手端酒杯，一手持“八分木”（长竹箸）将肉片在铁支子上翻转，眼见油烟升腾，耳听肉片作响，鼻嗅焦烂肉香，同声喊“干”！待酒喝足，肉吃够，结了饭钱，一行人复奔旁边的茶馆，上楼喝茶以解油腻并观波光树影。从北窗望去，可见钟鼓二楼巍峨耸立，如在夕阳落照中则更为壮观。南窗望去，岸柳成荫，荷花娇艳，水色天光，相映生辉。大家品茗观景，时或出以方才从河沿书画摊肆中所购之图书碑帖玩物，相与鉴赏其真伪，以为良辰美景中之赏心乐事。

岁月无情，光阴似箭。而今，人，俱往矣，诗酒风流的高韵，也成了绝唱。前些年，为寻先辈遗踪，我来到银锭桥头，只见烤肉季早从小棚起为楼阁，而茶楼却不知何年化为灰飞。抬头望去，西北远山，东南宫阙，浮云缭绕，托映着钟鼓二楼，似一仍其旧，心下不免生出些物是人非的伤感，转念想到，天上白云苍狗，人间沧海桑田，谁又能不是过客？竟也就释然而后回“府”了。

京 厂甸游踪

厂甸之地，即今之琉璃厂。琉璃厂在辽代不过是京东一乡村，其地野旷人稀，名海王村。后元代于此建琉璃窑，始有今名。

每年正月初一到十五在琉璃厂举办的集市称作厂甸。前人描绘厂甸盛况云：

> 红男绿女，白叟黄童，踉踉跄跄，拥拥挤挤。各种耍货摊，则栉比鳞次。……其应春之景物，如艾窝窝、豌豆黄等凉食，吆喝声悦耳，佐以风车、沙燕（风筝）之响声，殊现新春之景。园之北，则玉器古玩摊，碧翠之簪环，鼎樽炉瓶碗等古董，陈列得灿烂夺目，环视者多为贵族化之妇女，其值则殊有漫天要价，就地还钱之恶习，赏鉴者虽众，而成交者殊渺也。园东之门外，有西湖景、活动电影、风筝种种童艺耍货，山里红汤、梨汤各凉物。最发达者，则为炸灌肠与豆汁摊，无论守旧与摩登妇女，环坐凳之上，大嚼灌肠，多加蒜，大碗喝豆汁，多吃辣咸菜丝，大有起满坐满之势；然斯咸为北方人所乐食，若南方人见之，则缩

颈吐舌，频道：“不敢吃红肠、喝豆汁来哉。”园之西门外，道之两畔，书摊栉比，古今书籍陈列，触目皆是。其字画悬满壁间，琳琅满目，古色古香，美不胜观……并有临时苇棚，中间挂满古今名人字画书帖，文人墨客，考古专家，往返盘桓，若不胜其看，惟珍贵者殊鲜，其行货则投机者居多数耳。

以上记述的是一九三五年厂甸市集的情形。在我的回忆中，六十年代初的厂甸与过去并没什么两样，厂甸，大约是许多北京市民特别是孩子们最盼望的时候，因为人们的各种欲望，都集中于此时释放，故儿歌云：“新年来到，糖瓜祭灶。姑娘要花，小子要炮。老头子要戴新呢帽，老婆子要吃大花糕。”厂甸有个突出的特点，即它是平民化的。大店家往往不屑于此摆小摊，除去有嗜古癖的，大阔佬也不屑与小市民于此擦肩膀，顶多让保姆带了孩子来这儿凑热闹。而我却觉得，平民的世俗的厂甸，才真正充满了欢乐。即便是胡同里那些最穷苦的孩子，此时家里也会咬咬牙，给个三五毛钱，不是弄串山里红围在脖子上就是买挂炮，小女孩儿则欢天喜地地琢磨买条绸发带或红头绳好好地美上一回。空筝、风车声响彻蓝蓝的天空，街巷到处有各种卖小吃的吆喝声。百姓们尽情地吃喝乐，因为这是属于他们自己的节日。

“文化大革命”前一年，移风易俗，把厂甸改在几个百货商场里，其“盛况”可想而知。“文化大革命”过后，公园庙会代替厂甸，我抱着重温旧梦的希望去了，没想到，风车被风没吹一会儿，散架了。空筝抖半天，愣没声儿。长四尺的冰糖葫芦和山里红串未见踪影，迪斯科音乐倒尽情地嚷，一瞧，原来土台子上有个模特队在走着猫步表演时装。灌肠摊侧，人涌如潮，挤进一尝，半生不熟，艾窝窝怎么吃也咂摸不出当年的味儿。古书碑帖字画一无所有。这反倒使我悟到，过去的就过去了，寻梦，多么可笑。

所幸并未白来，有所得，臭豆腐一罐，正宗王致和。回家品尝，奇臭无比，大喜，即分与四邻中有此同好者。皆曰极佳，每食，其味弥漫室中，三日不绝。

前尘梦影

琉璃厂是一条名喧海内外的街，今日这条街上更是红男绿女摩肩接踵，雕梁画栋车水马龙，文人在买书，商人在觅宝，店家在拍卖，好不热闹。但我作为一个生于斯长于斯的老住户，却对琉璃厂有着自己的回忆和感受。

六十年代初，我在第一实验小学念书，家住西琉璃厂巷底深处的一所宅院中，每天上下学要从琉璃厂来回走几趟。那时放学回家，我总是沿南新华街一直走到头一个十字路口，即东西琉璃厂的分界处，然后向西拐，走几步即是今日大名鼎鼎的荣宝斋，可那时它的房子是低矮的，记忆中很少有人进，门口总是一派秋日般肃杀景象。我有次忍不住好奇心，像小兔子似的溜进去逛了一回，只觉得里面非常静，静得连空气都凝结不动，我紧张得能听见自己的心跳声，因此它又显得威严和高深。它的斜对过儿似乎是一家碑帖店，我曾隔窗向里张望，店里光线晦暗如黄昏，四壁皆悬满黑乎乎的碑帖，真让人感到历史的浩瀚和苍茫。前行不远，即是当时的音乐出版社而早先的商务印书馆，这座楼房鹤立鸡群般拔起于四周平房间，但十分陈旧，门前静悄悄，墙壁阴沉沉，窗户黑洞洞，所以我们小孩子总觉得里面住着许多精灵，经过时每每加快了脚步。由此再向前，则再无一家与文化或文物有关的店铺，而是百货店、副食店和街道医院。前行到南柳巷，紧傍口，有家小药铺，我和同学们常进去买三分一丸助消化用的山楂丸或七分一块打蛔虫用的宝塔糖来解馋，如果这天我们口袋里多了几分钱，便可以到旁边路北的小酒铺里买格调高一些的柿饼和黑枣。小酒铺里，我们常见几个秃顶老人用盐水渍黄豆或小葱拌豆腐就着喝胖老板娘用长木勺从坛子中舀出的一毛三一两的白酒，他们中有位曾做过吴佩孚的马弁，说话时好瞪眼，开口就是“当年老吴怎么怎么着”，还不时一拍大腿一挑大拇指。我们淘气，时常在店门口学他拍大腿挑拇指，惹得他常常骂着出来，把我们追得像小鸭子般四处乱跑乱叫。由此再向前西行不远，一家独院的门上有副楹联，“忠厚传家久，诗书继世长”。独院主人是位面容清癯、长髯飘胸的老先生，他曾做过孙科的秘书，与我祖父相识又同好养猫，每到我家总先把我家的波斯猫揽到怀里，一边抚摩一边与祖父谈些民国年间的旧事。我家附近，住了不少梨园行的名家，如椿树上头条的余叔岩家，永光寺东街梅兰芳的琴师徐兰沅家，稍远一些的西草厂的袁世海家和山西街里的荀慧生家。

琉璃厂的街景也是令人难忘的，最美的是夏日的黄昏，尤其在蒙蒙细雨中，行人稀少，暮色低迷，街道显得那般空阔而幽长。高高低低的院墙绵延不断，抬头四望，这家院里，古槐浓荫蔽天，那家院里，白杨凌霄直上；这边，杏花伸过墙头，那边，竹叶飒然作响。燕子在雨中疾飞，老鸦儿却伏在树叶底一动不动，天空中弥漫着一种被雨水濡湿的树叶的气息，清凉而芬芳。朦胧灯火里，大人们四处呼唤不肯回家的孩子，孩子们却和大人捉起了迷藏。在无风雨的日子，街边巷口，会飘来声“磨剪子咧戗菜刀”的吆喝或转出一位剃头匠弹着唤头挑着挑子的身影。然后最令我盼望的是每年正月初一到十五的厂甸，此时的琉璃厂，商贩云集，游人如织，彩色风车在风中“呼呼”叫，空筝被人们抖得“呜呜”响，孩子们穿新衣吃灌肠，手举一米来高的冰糖葫芦，脖子上挂着一围长念珠般的山里红，个个喜气洋洋。

逝水无情，而今的琉璃厂，拆的拆，盖的盖，卖的卖，旧貌换新颜，已不复见昔日的小院和花树、春燕和昏鸦。但我有时梦回至此，仍有一种天籁流过心头，以至觉得，琉璃厂的文化并不只存于字画古玩铺里，而同时甚至更多地存于这些街巷深处的场景、人物和紧闭或敞开的宅院中，它们都有着自己的故事和传说。而正是这年年岁岁代代相传的故事和传说，汇成了我们民族的文化传统和其特有的生活。

鸿爪留痕

京城的东西琉璃厂，是一条中外闻名的古玩字画街。

当时的古玩字画铺，大多是寂寞清冷的。大名鼎鼎的荣宝斋也是如此，店员们常袖了手从窗里朝外闲望。听人说，这原本是一家姓韩人家的房子，后来要变卖，我家祖上曾有意买，后又觉得住人家旧房不如自己盖新居，于是作罢了，以后这儿成了卖字画的荣宝斋。上小学时我曾进去逛过一回，里边到处是画就是不见有几个人，恍惚记得有一张齐白石画的很小的小画，几只虾，要两块钱。我当时看后心里还这样计算，两块，可以买我最爱吃的二分一块的芝麻糖整整一百根，太贵了！说起芝麻糖，倒有一事可记。有回我放学回家，在柳巷口小酒铺里看见有一老人用芝麻糖当下酒菜喝酒。我忽然想到可以用此孝顺祖父，一溜烟儿跑回了家。晚上吃晚饭时，跟祖父说了所见，然后又说，您也可以用芝麻糖就酒。我还藏着有没舍得吃的芝麻糖，可以拿给您。祖父没正面回答，只说："嚯，真惨！"我虽然弄不清"真惨"的意思，但知道不需要我的芝麻糖，心里有点儿失望。东琉璃厂有家古玩铺，在窗口放一颗翡翠，碧绿的叶，雪白的帮儿，太阳底下闪闪发光，离得老远便晃人眼睛。我开始以为这是一家卖白菜的，以后才知道这是假的，并为此查字典学会了翡翠二字。记得那会儿大人们总嘱咐自己的孩子不要进这些店，一是怕把人家东西弄坏了，二是那些店里总有浓烈的潮气湿气混杂着霉味儿，怕把孩子们熏坏了。

西琉璃厂的中腰位置，南边一家百货店，北边一家副食店，与那些字画古玩铺形成鲜明对照的是，这里总一派繁忙热闹。再向西行不远，有个租小人书给孩子们看的书铺。老板娘极肥胖，特别在夏天，坐在桌子后面光是喘气，转动一下身体似乎都有困难。那时看一本小人书是一分钱，一本电影小人书是两分钱，租回来看也可以，但要交押金若干。来看书的全是附近胡同里的孩子，大都脏兮兮的，书也多是又破又烂，还有股难闻的味儿。我租过两回书，家里嫌脏不让租，我没敢拿进屋，偷偷塞在葡萄架下藤椅的坐垫下面，但被我的表姐发现了，当作她的“破案”成绩满市街一嚷，让我挨了好一顿骂，再不敢往家拿了。

那时的物质生活极不丰富，每月副食本上二两麻酱、两条肥皂、粉丝、火柴等金贵得不得了。回忆当年，我至今还有这样的感觉，那时我在学校考试若得了五分或考到了一百分，家长当然高兴。但若是能在副食店法定的额度中得到额外的好处，家长更高兴。那时我家东西各有一家小副食店，东边的属公私合营性质，叫作“常发”，西边的属公有性质，简称“西边儿”。我小时人老实，有礼貌，比较招人喜欢，一来二去“西边儿”卖副食的有个叔叔跟我熟了，一次我去买麻酱，二两的限额他足足给了半斤，回家后很受了一通大人的夸奖。因为那时虽然我家境比较富裕，但有钱买不到东西，也无议价之说。所以，对熟人好办事的理解，我最早是从麻酱、粉丝上开始的。同时我也记得那时常看见胡同里的孩子们买黄酱回家时，一边放慢了脚步往家走，一边一舌头又一舌头地紧舔碗里的黄酱，由此猜想那一定非常香，于是也曾仿效过一回，却是咸得发苦，悄悄吐在了路边儿。

不过我那时最爱去的店是东边的“常发”。这里前店后院，我去了不仅买东西，更可以借此和店主人的孩子玩上一会儿。店主人有两个孩子，男孩儿与我同岁，爱看书更爱说话，附近几条胡同里孩子们的事儿门儿清，店主人也似乎十分愿意他和我交朋友。另一个是女孩儿，比男孩儿小两岁，总是被她父母支使得像陀螺般地转来转去。一会儿拿着抹布擦东抹西，一会儿帮父母搬着空瓶空坛，很少见她闲着。有时我带了新书像什么《小布头奇遇记》等去店里，她刚跑过来欣喜地看上一眼，一眨眼又被支使去干活儿。那时大人们的眼中，女孩儿仿佛天生就是干活儿的命。

不久“文化大革命”爆发了，那一过程尽人皆知，无非是抄掠、焚烧、造反、闹派性、大联合、上山下乡几部曲的轮番演奏，红色的标志和革命的标语覆盖了街头巷尾。闹腾了几年，人们终于发现，该穿衣还得穿衣，该吃饭还得吃饭，除了极个别人之外，绝大多数老百姓并未改变自身的地位，而最切身的感受倒是物质生活还不如过去和孩子们更不听管。于是人们又重将目光凝聚在副食本、粮本、布票以及逢年过节方有收获的半斤花生半斤瓜子上。

那时的荣宝斋，有个可记的趣事。即荣宝斋的大匾后边，某日又忽然冒出一块略小的匾，大书“文渊”二字，旁边一行小字，

“康生左手”。起初我想这人一定是个左撇子，不然何以用左手写字？！年岁渐长，知此人名头来历后，乃明其用左手是显摆之义。“文化大革命”结束不久，此匾忽然不见，那时我已长大，自然明其含义。只是如今，京师拍卖场中，此公之书法及此公秘藏之书，又悬高价求沽，不禁令人有沧桑之叹。

随着“文化大革命”结束，一切迅速改观。书店首先热闹起来，大量新版的古今中外名著潮水般涌进书店，大量饱受精神煎熬的人们也拥进书店，形成第一轮抢购。我有位朋友虽是女流而抢书甚勇，每月工资花得干干净净还向父母伸手。其母训她：“你就不能控制一下自己？”答：“我得能控制得住！”

紧随精神食粮之后而逐渐丰富起来的物质食粮，激发了人们对未来生活的美好向往。在那由温饱向小康之路迅跑的途中，有个情景令我至今难忘。

改革开放之初，蛤蟆镜皮凉鞋是新潮青年的标志。一日黄昏，风雨交加，我于路口等车时，但见雨水迷蒙中一时髦装束之青年女子骑车飞驰而来，只见她光着两只脚蹬着车轮，却将两只皮凉鞋的带子相互一系，搭在肩头，做扛鞋状。如今想想，这正是那时刚刚要告别贫穷将欲走向富裕时人们心理的真实反映。

时光如箭，而今，我家所居的那片儿被列入危房改造，同时又有国外欲在此买地皮起商厦的大亨加入，于是那数十胡同千百民居迅即化作废墟。有时我闲行至此，想起儿时光景，真是别有一番滋味。一日，走出危改区，偶然瞥见装修富丽的店旁有几棵槐柳很眼熟，仔细辨认，原来这新店坐落的旧址正是当年的小人书铺。

京

老屋

祖辈人说，当年我家盖房时，正赶上皇帝逊位。清廷一倒，各王府也相继没落。有的王府几经易手，有的王府干脆拆掉卖木料。我家建房的木料就是从王府买的。但是王府高轩敞屋，平民的居所自然不能与之比拟。所以王府虽倒了，木料仍巨大而长，正所谓“百足之虫，死而不僵”。于是家人让工匠把木料截短了用。

主持建房事宜的是我曾祖。他的安排，前院住人，房要多，后院房要少，留出宽敞地他好种花养草。所以我的印象，后院总是绿树葱茏，清荫覆地，葡萄架下，蜂鸣蝶舞，盆中、地上，花枝无数。虽居闹市却有一种浓浓的乡野气息。

光阴荏苒，岁月流逝，曾祖、祖父、父亲相继下世，后来我也离开了这里。再以后，听说这片儿划入危房改造，我家虽不属危房，但也在拆毁之列。不久，有昔日同胡同的伙伴讲，你家已拆得差不多了，还不回去看看。这样前些日我来到了故居。

院墙、门窗已被拆除，但大门、门道、南北游廊和房的框架还在，巨大的柁，方正的椽子，笔挺的廊柱，仍带出一派古老、庄重而令人肃然的气势。

我坐在院中的榕树下，面对断壁颓垣残砖碎瓦，在暮色中，晚风里，凝神谛听。每一块风雨剥蚀的墙砖后面，我都能听到心的跳动；每一块铺路垫脚的青石板下，仿佛都有血在流淌。但我，并不悲伤。

我只是觉得，无论是人生的逝水，还是历史的风云，终不过是无尽时空中的一瞬。对这一瞬而悲，或喜，岂非不知天命？何况这小小庭院中的小小人生。但是，小有小的故事，大有大的沧桑。假如我愿意讲，假如有人愿意听我讲，我会讲昔日的美好时光。南窗下，有我成长的欢乐；北廊前，我经受过祖辈的死亡；古槐下，我曾有过梦想；榕树下，有美梦破碎后的忧伤。虽然是高墙深院，重门紧锁，也难挡春风摇曳，红杏出墙。

人事有代谢，往来成古今。老屋的消逝，正是生活的开场。只要生命在循环，故事也就不会收场。因此，我满怀希望。

妙处难与君说

在我记忆深处，有这样一个情景：那是二十多年前，我家住在宣武门附近，当时城墙尚未拆除，护城河也还在流淌。就在河边，有一间四面无遮拦的草棚。棚下，围着一张油漆斑驳而油渍处处的八仙桌，常常坐着几个身穿宽大衣衫或月白小褂、秃顶或白发的老人，拿着几个蓝边大碗喝茶聊天。我年幼好奇，每每走过，总要朝他们望上几眼。某年，一个凉意甚浓的秋日黄昏，我又从此经过，匆匆一望，见他们仍在此聚谈。河上刮来的秋风吹起他们玄色长衫，露出里面白小褂的一角。他们中有说的、听的、喝茶的，还有一位白发苍苍者则抬头向远处望。我顺着他的目光望去，苍茫之中，血色夕阳正挂在城楼一角，楼后满天云霞，楼与墙那黑沉沉的轮廓被衬托得格外分明。城下，衰草摇曳，黄尘弥漫，秋风呜咽，河水东流。那种历史的苍茫，虽因年幼不懂却深入心中。

那时家中，也有另一番同样令我难忘的情景：我祖父交际广泛，朋友们纷至沓来，几无暇日。家里独居一四合院，院中有花木鱼池及瓜棚豆架，北房客厅兼书房，房中书架书箱环立四壁，插架者皆是古香古色的典籍，间有少许字画悬挂壁角，四张红木琴桌上摆设着鹿头樽、梅瓶诸物。印象最深的是，冬夜苦长，祖父常与客人们坐在沙发上谈笑以遣永夜。每当这时，屋里总是弥漫着浓浓的纸烟、雪茄烟及烟斗混合而成的烟雾，浓得本就昏黄的灯光变得更加膨胀，隔烟看人，真是云山雾罩。茶几上，掀开一个个古意盎然的小盖碗，马上会飘出花茶的芬芳。炉火烧得通红，跳动闪光，仿佛在与窗外呼啸的风雪相抗。我蜷缩在一张小沙发里，于灯火影中，听着喧哗笑语，心里充满好奇和莫名的欢愉。

弹指三十年，城楼早已灰飞烟灭，昔日的人们而今也大都成了云间黄鹤。没想到在张中行先生的《负暄琐话》中，我又重温了那一番人生景象。

先生为我们展现了一个弥漫着无限深沉之美的世界，处处闪耀着夕阳的返照与晚霞的光明，在这个世界里，无论是那些有大名或高位的人，如章太炎、黄晦闻、邓之诚、胡适、刘半农、马叙伦、周作人、张伯驹、叶恭绰等身显名扬的社会名流，还是平庸而善良的市井细民，如刘舅爷、邓念观、刘佛谛、银闸人物、家乡三李等，乃至贩夫乞丐，只要有可传之事可记之情，先生一视同仁皆为树碑立传，使薄薄一册书呈现出百味千姿。尽管先生行文轻松幽默，而这味，多少带着苦涩。所以，先生是在用“分明的笑和不分明的泪来游历壮大的人生”。在这场具有永恒意味的游历中，先生试图做什么事呢？我认为，只有两件，一件：人生究竟是怎么回事；另一件，人生到底有哪些活法。

日前我因楼台之便得见启功先生，启先生见面即说：“我刚把

《负暄琐话》看完，张先生这里头写了好些个人生哲理，可看后还是不大明白。你想，这怎么能明白呢？！”

确实，张先生不能把人生解透，也没有任何人，从古圣贤到后来者能穷尽人生的奥妙。对我来说，我也并不祈求有哲人来指点迷津，因为毕竟年已不惑而且说教听得太多，但我偏爱张先生文章中那动人心魄的美学意味。文中之情浓入而淡出，以泪甚至以血合成的果实，笼于缥缈如云的轻纱之内，又如在风中，似乎随时会离你而去，从而在人心中留下了永不磨灭的创痕。所以我觉得，人生的美，自然的美，一切的美，都只存于朦朦胧胧的想象和梦幻中，也只有在飘忽迷离中，人们才感受到深沉和博大。好吃的食物，讲究用色香味诱惑食客，及至举筷入口，感觉多不如方才。人生也一样，即使你能说清，你能把人生哲学变成解剖学，人生是牛，你是庖丁，但那还有什么意思？何况理想和现实间还有那样的差距。我不由想起莫泊桑在一篇小说中写道，有一个女孩儿，自小因为极度近视而什么也看不清，又因家穷而配不起眼镜。她整日模模糊糊地瞧着周围，盼着有一天能够看清这个她如此热爱的世界。后来有个好心人帮她配上了眼镜，当她看清了四周的人物和事物后，终于愤然地将眼镜抓下摔得粉碎，因为她不愿让现实的丑恶毁了她心中理想的美丽。所以，人生，美在朦胧。

张先生论及人生的散文，除去朦胧、飘忽和因“说一半留一半”而给人的捉摸不定外，还有其他高妙之处，这就是他排列出一个个身份不同的人物，用命运之链将他们穿起来，使读者从个性中窥出共性，从个别想见一般，并由此去思索生死、恩怨、苦乐、贵贱、仕隐诸多问题，而自己不下结论。因为抽象的议论极易变成干巴的说教，而人物的真实经历，却很自然地使读者在不自觉中去比附，看看别人的处世及命运，自己就会有所得。而在有所得的同时，也就是注入了情感的时候。但与其说是对书中人物产生了情感，倒不如说是对自己产生了怜惜。且无论这种感觉是感叹、迷惘、失落、忧伤、沉郁或只是淡然一笑，都能带给自己某种寄托并获得某种慰藉，正是“妙处难与君说”。

借光

有时在街上走，后边有人要过，开口就是“让让、让让”；问路，张嘴就是“嘿（或是哎）”，不管别人是不是姓“黑”或是不是“哀家”。不由想起小时大人教规矩，询问时，先说“劳驾”，从人后过，要说“借光”。即便在家，衣服也要穿戴整齐，屋里要归置利落。否则大人见了就是一句“你野人哪！”

“借光”，出自一个美丽的故事。古代，一群姑娘媳妇们每晚聚在一起做活儿。大家分摊灯油钱。但有个姑娘从不出钱，也跟旁边做活儿。开始大家不说什么，后来忍无可忍，决定赶走她。姑娘听后说：“我家里穷，拿不出钱。所以我每天早来，把桌椅抹干净，东西摆放好。晚上最后走，把线头扫干净，门窗都关好。现在借一点儿光，都不行吗？”

我小学三年级看的这个故事，从此不忘。

有回和朋友在护国寺小吃店吃饭，桌旁来了一对五十来岁的男女。男的国人长相，女的金发碧眼。可这女的一说话，登时把我们震住了。她坐下后，冲男的说："我来碗豆汁儿，仨焦圈儿。"她瞧我眼前放着三碗豆汁儿，问："熬得怎么样啊？"我说："不够稠，稀里咣当。不过也凑合了。"其实祖父在时，我从不喝豆汁儿，因为它又馊又臭，泔水什么味儿它就什么味儿。后来莫名其妙地喝上了，还挺上瘾。昨儿吃油了，多要两碗，拿它涮肠子。大家觉得说着京腔京调而又金发碧眼的她挺有意思，纷纷跟她攀谈。正聊着，她丈夫端着豆汁儿来了，也跟我们聊起来，说她不是外国人，打小儿生在北京长在北京，以后才去了国外。我边听边想，这就是北京话"串秧儿了"。正想着，她忽然埋怨她丈夫"这豆汁儿不热，温古噜嘟，怎么喝啊？！"她丈夫无奈地说"咱还去吃饭馆吧？""那不行。我就想来这口儿。"这时，一个母亲拉着一个小女孩儿进来了："妈，我要牛肉烧饼羊杂汤。"一会儿，她妈拿着羊杂汤和薄脆来了："烧饼太硬牛肉凉，就薄脆吧。"小姑娘把肺头都挑出去了，还说：“我就不爱吃肺头。”我旁边的姑娘要了碗茶汤，拿起汤勺就搅。我说，别搅，拿勺搲着吃。又来了一家三口坐我对面，男的不住数落女的。因为女的拿个小勺教她女儿，一个七八岁的小姑娘喝豆汁儿。男的说：“你爱喝她就爱喝？”女的不说话，照教不误。收盘子碗的大妈来了，见我们这桌儿聊得欢，也加进来，说，这小吃都是我们回民开的，汉人没有干这个的。回民夹在汉人里头求生存不易，只能小打小闹。这会儿有位爱说的大爷开练，说，现今这吃食都不如从前。羊杂汤里头的东西忒少，烧饼夹肉里那牛肉又老又硬。驴打滚儿太干，豌豆黄儿没味儿。艾窝窝越做越大，可是面多馅小。我说没错儿，头一口没咬着，第二口过去了。这时，侧面坐着的一位中年妇女又热心地指点大家，想吃什么什么应该到哪儿哪儿去。

吃完出来，天黑得已经可以了。

李逵吃烤肉

网上看到，有人说吃烤肉时有“武吃”一说。为要武，男人的打扮必须是敞胸露出皮肉，下穿大裤衩，露出两条毛腿和一双赤脚，脚上还要穿那种看去最肮脏的夹脚指头的人字拖。烤架前有长板凳，男人要金鸡独立，将一脚踏在板凳上。妇女小孩可坐在板凳上吃。这形象让人闭目就是李逵，我只不明白，作者为何如此糟改吃烤肉的人？为了不让胡言泛滥，写一点儿文字如下。

祖父曾对我说，烤肉和涮肉都来自蒙古人，元代时进入中原。祖父又说，异族入主，战祸连绵，生灵涂炭，但是文化却不断融合，比如制度、语言、食物等等。像一站两站的站，好人歹人的歹，都是蒙古语。烤肉、涮肉也是蒙古人的吃法。

北京只有两家历史悠久的烤肉店，烤肉宛和烤肉季。宛和季是这两家店主的姓。“文化大革命”前，我没去过烤肉季，因为烤肉宛离我们家一箭之隔，所以常随祖父去烤肉宛。

吃烤肉时没有两三人去的。因为它一个大烤架就占了一间屋，大家围在四边吃，所以去时总是呼朋唤友。记得一进屋一个大烤架，很高很高，里面炉火呼呼的，要烧松木，因此有松香。大家把伙计拌好的肉往秤上一倒，“刺啦”一声，油烟四起，肉香满屋。吃肉时一定要喝白酒，大家一手执酒杯，一手执“八分木”（长筷），同声喊“干！”烤架旁有长板凳，可一足踏地，一足踏凳，追怀蒙人之风。但此金鸡独立，听君自便，也从无妇女儿童可坐之说，因为坐着没法吃。孩子也是站着，虽然个儿矮够不着灶，大人会把烤好的肉夹到他的盘子里。

在松香，肉香，酒香的刺激下，人会发热，所以很自然解开外衣，但绝不会袒露胸腹。记忆中，来吃者大多文人雅士，并无李逵之流。

“文化大革命”末期，有次陪祖父来烤肉宛，被告知那种“自助”式吃法只能服务于外国友人。国人吃，请在大堂坐，烤好了给你送来。来了，一吃，祖父说，温古噜嘟，没法吃。看着洋人在里边大快朵颐，我清醒地意识到，国际斗争中，没有永远的敌人，也没有永远的朋友。至于国人，尽管表面上说，你是历史前进的动力，终归还是小民，也就内外有别了。

去年，在烤肉季吃完饭，我找了一位看上去有点儿岁数的女服务员，问还有没有过去的吃法。她一听就乐了，说，您是行家，现在没什么人知道了。这叫“武吃”，还有，三百一位，十三位一桌。我真想告诉她，过去没有文吃武吃这一说，就是“自助”式吃法。

如果真能穿越时空回到元代，这种“袒胸露腹显体毛，毛腿赤脚趿拉板儿”吃烤肉的做派，也定会让人连呼：“这可怎生得是呵也么哥！”

说起烤鸭，想起往事。大概在八十年代早中期，物价闯关之时，涮羊肉、烤鸭轮番上涨。一日过西单又一顺门前，人声鼎沸，警察出动，汽车绕行，排队的人排上了马路。原来是大家抢在涨价前来吃最后一顿涮羊肉。不久又轮到烤鸭，我和几个朋友也去抢座了。正在等号，进来一农人，肩上一根粗扁担，两边各挑一包袱，身后跟着一中年妇女，妇女身旁有两个很小的女孩儿，紧紧揪着母亲的衣角，眼睛东张西望，又胆怯又好奇。服务员赶紧过去说，你走错了，我们这儿不是旅馆。农人大声喝道，我知道不是旅馆，我们是来吃烤鸭的！

后来我一直在想，中国老百姓多么善良，多么苟且，又多么无奈啊！咏之：

一说烤鸭又涨价，先吃一顿莫管它。有上一顿赚一顿，扶老携幼呼亲家。工人农人齐坐店，硕儒白丁共开牙。大众只求得温饱，谁把斗争作生涯。

物价

北师大第一个教师节红红火火，各部门都热闹起来。民以食为天，食堂更要有所表示。于是头几天就打出优惠标语，传出甩卖消息，以周知各位老师。

第二天中午，果然去往食堂的路上老师及家属络绎不绝。回来的人大盆小碗，都有不少收获。我去的路上，碰上邻居，一位五十多岁老太太，见我就说，你怎么就拿这么个小盆？这能装多少东西？你看我，这是家里最大的脸盆。这回，真便宜，比平常便宜一半还多。你看，这是酱肉、米粉肉、红烧肉，还有酱牛肉、鸡爪子、大棒骨。还有点心，好多种呢！赶紧回家换盆去，这小盆几块骨头就搁满了！

于是我掉头回家，准备换脸盆。走了几步，转念一想，家里就俩人，能吃多少。也不知做得如何，还是看看再说。进了食堂，果然人声鼎沸，好吃的果然不少，也确实便宜。刚想排队，却见服务员们那看着我们的眼神和笑容，带着些嘲讽。顿时使我如同进了猴儿山，浑身不自在。转身出了门，什么也没买。

这时正是放开物价的时候，而且放开的全是老百姓早晨起来七件事的必需品。老百姓怎么办呢？俩字，抢购！不久以后，路遇一位教授夫人，拉着我说，听说白糖要涨价，咱们附近这几家都抢光了。后边那大店里还有。这不，我赶紧去买了四斤。你赶快去，去晚了就没了。

那时真是一日三惊。各种生活用品，连肥皂火柴都坐上了火箭。传言满天飞。你不信吧，它真涨上去了。你信吧，结果它又没涨。比如有人在报上撰文，听说方便面要涨价，抢了几十箱，堆了半屋子。后来又没涨，愁得天天顿顿吃方便面。全家已经连吃一个月，也没下去多少。又不敢往外卖，真真愁死了！

那次从食堂回来后，我也有了明确的人生规则。除了继续学业工作上努力奋斗，生活上，买不起的不买，吃不起的不吃，穿不起的不穿，用不起的不用。当过知青，什么苦和罪没受过，何况这又说不上什么苦和罪。

奇事

我国有寒食节。起因为春秋时随晋文公重耳流亡的众贤能中，有一人名介子推。文公复国后，大肆封赏，唯介子推不受，奉母隐居绵山，坚拒不出。文公无法，以烧山迫之，但母子二人不变初衷，于火中“涅槃”。人们为了纪念他们，每年这一天，不举火造饭，吃冷食，此即寒食节的由来。

现在，传统文化复兴，山西绵山年年都召集各路学者开纪念会，绵山也因此成为旅游胜地。多年前有一盛会，时当四月，春返人间，当地尽地主之谊，学者们自然投桃报李，对介子推及寒食节颂声遍地。但有一学者发言时，对介公质疑，因其与母同受火焚而死，疑其非孝。忽然，众与会者窃窃私语，且又一齐望向窗外，更有人起身推门而出，立于廊下。

原来就在此时，天降大雪，鹅毛无边。漫山遍野，银装一片。此时已是四月中下旬，当地人啧啧称奇，几十年绵山此时从未下雪，何况鹅毛大雪。余思，此或天谴，不准“谤毁”介公。元杂剧窦娥死时，六月飞雪，以明其冤，谁谓历史不可重演？因作一打油，志此奇事。诗云：

四月飞雪漫成悲，只因质疑介子推。绵山怪事年年有，只有今年最悲催。

京

神棍

王林死了，他和他的怪力乱神，不知在阴间能否被牛头马面们激赏。其实他那两手绝活，不外乎什么空盆来蛇，断蛇重接。记起小时随大人到天桥看杂耍，表演者到观众中间，往地上一甩钩，就钓上一条活蹦乱跳的小金鱼。观众一片惊叹，但也只赞他功夫好，并未以他为神人。长大后，宣武门前见过撂地儿卖艺的，节目是“吞剑吐火”。火能吐，剑吞了好几回没吞下去，直翻白眼儿，最后终于吞了下去。央求“老少爷们儿”打赏的时候，众人散了一半儿，可见谋生艰难。又过了些时，忽然气功风行天下，先行者是位姓严的大师，当时的他，独步天下，影响似还在王林之上。我那时刚从东北回来，身体有些弱。父亲请了据说是严大师在京的大弟子来给我发功强身。

那天，这位姓李的先生到家，父亲忙前忙后，待若上宾。发功时，我和他相隔有两米多远。他说，他的功力强大，太近会伤着我。然后好像先来了个白鹤亮翅的动作，一脚前一脚后，双手缓缓往前一推，眼睛紧盯着我问，热了没有？我回说没大感觉。他前脚一抬再一蹬地，双手再一送，又问，热了没有？我回说，有点儿热了。他又第三次推送，再问，是不是更热了？我回说，更热了更热了。其实我身上一丁点儿感觉没有。但也不能老让人家推送。然后他说我身体单薄，他一发功就觉出来了。要我锻炼，教了几个什么站桩马步气纳丹田之类，我一个没学会。大人总关心孩子身体，以后又学过八卦形意太极，当时就无心，事后连比画全忘了。那时就想，死生有命，随他去吧。

所以我有些不解，这些官爷星爷没文化吗？这不可能。可是这些有文化的却干出了如此没文化的事，和一神棍勾肩搭背挤眉弄眼搂抱亲吻跪地叩拜，不由让人怀疑他们是否真有文化。

改革开放三十多年了，社会经济的发展与文化素质的提高同步吗？好像有些背离。诗以记之：

神棍巫师自嚣张，高官明星齐捧场。怪力乱神行天下，独立寒春问苍茫。

积德行善

一年秋日的一个黄昏，我去启功家串门儿。先生见面就说："这些日子我可坏了，天天晚上睡不着觉。"我说："那好，正可以作诗。"先生笑道："还作诗呢！我都把湿（诗）作成干了。"随后又说："不过昨儿晚上我可踏实睡了半宿。""怎么回事？"我问。"这还真有意思，"先生说，"昨儿夜里我正躺在床上来回烙饼，忽然想到，我要哪天一下子没了，我还有没有该做而没做的事，比如跟谁借钱没还，拿过人家的东西没给，再比如有没有做过亏心事，对不起人的行为。索性不睡了，想，想了半天，居然一件没有。心里头一高兴，反倒睡着了。你说有意思没有！"

由此，先生说道，一个人在生命的最后，如有可能，总会回首他这一生走过的路做过的事，这里就有个好坏的问题。即便是一个普通百姓，过了平平淡淡的一生，也有这个问题。用什么来划分好坏呢？我觉得就得用善恶的标准。善，就是要做善事积德行。假如你说了，我就是一个卖豆腐的，我如何做善事？一样可以做，比如路上遇见谁拿不动东西，上前搭把手，送送生病的街坊上医院，帮帮有事的邻居看小孩儿，日积月久，这就是大善、大德。

听到这儿，我对先生说，我想起我家过去的邻居，徐兰沅先生，他是梅兰芳的琴师，极有名。住的也是高墙深院，推想生活相当富足。我小时候见过他不少次，非常儒雅。不过有两回我看见他站在垃圾堆前，弯着腰从垃圾里捡什么。我好奇地问过大人，穿得这么干净的老头儿怎么捡破烂儿？大人一时也说不清。后来才听与他接近的人说，这老头儿心肠特好，看见垃圾中有碎玻璃，他怕捡破烂儿的扎了手，全给挑到一边去。不仅如此，走路时看见路当间儿有砖头，他都给搬开，怕过路的绊着。

听我说完了，先生说，这就是咱们传统文化的影响，积德行善。而且积德行善有一条很重要的也可以说是最根本的准则，就是“勿以善小而不为”。大家都一点一滴地积德行善，其结果是必然产生民族凝聚力，使我们的国家强盛。

由如何生活先生又谈到如何认识自己。先生认为，一个人，自己一定要看得起自己，自尊自爱，这是最主要的，条件允许，更要自强。人人生而平等，比天要低，比地要高，比别人五官不缺少，所以，切不可因为人类社会形成的富贵贫贱而瞧不起自己，总觉得抬不起头来，同学、朋友面前总觉得丢面子。一个人活着，关键是问心无愧。有些人也许看着体面，心里有愧没愧那还真不好说。清清白白行事，堂堂正正做人，积德行善，助人为乐，如果只被当成老生常谈，那才真正是一种悲哀。

回家路上，我想，在我们的知识阶层被新名词、新概念、新思想、新道德、新伦理、新价值观狂轰滥炸的今天，是否也该腾出点儿平心静气的时间回头审视传统？千年不灭的观念必有它存在的理由，转瞬即逝的喧嚣再怎么闹腾终归还是喧嚣。高尚的道德观虽古老也是老而弥历，老而弥新，并看似平平淡淡却又那么广泛地融入我国人民的平常心态和日常生活。

启功说“劲儿”

启先生曾作诗回忆当年辅仁大学同事一起游什刹海的情景：

灯火长廊自一时，画船笛韵夜行迟。月波荡漾流歌板，花气回环逼酒卮。旧迹尽随红烛焰，客心常系绿杨丝。如今西压桥边路，添得铿然杖一枝。

有回他跟我说，睡不着时，满脑子全是这些事，没人说去。有些人的后人也能见着，他们也能知道当年的一些事，可你找不回当年的劲儿！什么叫当年的劲儿？就是当初我们一块儿时，谁谁说了有意思的话，谁谁说了什么什么事，谁谁开了谁谁的玩笑，谁谁在那儿编派谁，谁谁打了眼，谁谁得了好东西，大伙儿怎么羡慕他。他们的后人也许知道一些事，但你再找不回当初的劲儿！

如今，启先生也已凋零。希望在遥远的天涯，也有一个什刹海，在那里，他们可以找回当年的劲儿！

狗皮膏药和自由恋爱

启功先生和夫人的相濡以沫众所周知，但先生对旧时婚姻有过这样几句话，可能知者不多：老式婚姻不是自由恋爱，说不上感情基础。但时间一长，就像狗皮膏药粘到一块儿，谁也离不了谁。时间一长，怎么就成了狗皮膏药？我细想了想，道理大概是这样：旧时婚姻虽不以爱情为起点，但它以责任和义务为起点。也就是男人要挣钱养家，女人要相夫教子。家庭分工正如社会分工，男耕女织一样自然，人们是认同且遵守的。在几十年漫长的共同生活中，无论是高雅的相濡以沫，还是通俗的狗皮膏药，大多数夫妻也就厮守了终生。不然，无以解释这种婚姻方式何以持续了上千年。

当今的婚姻制度是社会文明进步的体现，但也有不足人意处，即把人太商品化。体现在两人没见面之前，先挑条件。身高长相学历籍贯家庭财富脾气秉性风度气质，而且对人严，严到苛刻；于己宽，宽到纵容。而比较要命的是，男人很少意识到自己的责任，女人也很少留心自己的义务，双方都不想自己的担待。于是，一拍即合确实少见，一拍两散家常便饭。

史树青琐记

我祖父陆宗达二十世纪四十年代初，与史树青先生有师生之谊。祖父那时在辅仁大学任教，史先生正在那里读书。记得“文化大革命”前，史先生时来我家。但我那时尚小，印象不深。祖父下世后，某年夏天，我去历史博物馆看望了史先生。

进了先生办公室，报上姓名，说起家世，先生十分热情。不过聊了一会儿后，先生突然笑道：“我是你爷爷最没出息、最不争气的学生！”这突如其来的话，让我不知如何回答，只好一笑而过。而先生那时早已是享誉海内外的文物鉴定大家，国家文物鉴定委员会副主任，人争欲识之。

先生那时年事已高，身体也不大好，一周只周三去一趟单位。不过来了后，挡不住的社会上的各路人马便蜂拥而至，亮出各自的宝贝，要先生“自将磨洗认前朝”。所以虽只是一天上班，那盛况也是空前的。

先生是个爱热闹闲不住的人。也许出于对传统文化的热爱，不管什么东西，他总喜欢看看，看后点评两句，似乎是他最大乐趣所在。有时我跟他聊起家里残存的破书烂本儿，他也总很感兴趣地说：“带来我看看！”先生生性随和，周围年轻同事，一边跟他学鉴定，一边跟他嘻嘻哈哈开玩笑，先生也应之以玩笑。比坐在有些有头有脸的人面前，只能应以“是是是、对对对”轻松了不少。

有趣的是，先生还“横通”。有回跟我说：“我对马列很有些心得。给他们（办公室里的年轻人）开课，准备讲十讲，刚讲了一讲，他们全跑了，倒是有两个韩国学生还在听。你有兴趣吗？有空过来听听。”我在大学时学过马列（公共课），考试还拿了高分，由此辜负了先生的好意。

闲聊时，先生曾问我做何工作。知道我教书后，连说了两个好。还勉励我道：“教书好。书香门第哪儿能断了书香？”又说：“老师学问大，我就学了点儿皮毛。可就这点儿皮毛，也是受益无穷啊！”

先生尊师，我家有一方石章，是先生在辅仁念书时，给祖父刻的。文字是“校苍雅斋勘定图书记”（校苍雅斋是祖父斋号），“史澍青敬刊”。拿去给先生一看，先生一边摩挲欣赏，一边笑道：“那时我刚学，还不会布局，托陈西丁给布的局。当时我的名字还是这个‘澍’，不是现在的‘树’。我那会儿找了两块最好的白寿山，现在看不见那么好的了。我同时还给老师刻了一方名讳章，还有吗？”先生的助手小海在旁说：“留个印蜕吧。”于是我们找了张宣纸，留下了印蜕做纪念。

先生个头儿不高，五官端正，一身儒雅气。虽总是面带微笑，却又让人觉得他若不笑，就有不怒而威的气度。他衣装朴素，布衣布鞋，还总提一布袋，里面装有饭盒，盒中装着从家带来的伙食。有回先生打开饭盒，我一看，几角饼，两个煮鸡蛋。倒杯开水，先生一边和同事们满面春风地闲聊，一边津津有味地吃起来。

当然，我也见过先生不那么“满面春风”的时候。有一年，有人拿了件东西卖给历博，先生鉴定为元朝皇帝颁赐的金牌，收了。可能上边对这件东西的真伪存有异议，先生很不高兴。几次和我说这事，并说民国版的《马可孛罗游记》里有这东西的图片。凑巧我家里有这书，先生一听很高兴，要看看。我回家连夜翻箱倒柜，第二天赶紧送了去。后来听说这事反反复复颇多曲折，弄得先生有一段心情很不好，我也不好再问。不过不久，先生又恢复了乐观的天性。

文物鉴定是很难的事。有走眼的时候，也就有可能被人抓住，使人“只见树木，不见森林”。先生早年间评职称并非一帆风顺。听传，有人在会上说，先生不过是“老琉璃厂”。启功和另一位权威还为此说了话。以后我和启功聊到这事，问当时情况，启功并没正面回答，沉吟了一下才说：“史先生是好人，非常忠厚。不过一个人能力有限，不可能什么都懂，什么都通。给什么都鉴定，麻烦就来了。”由这里我得到的教训是，一、人，要有自知之明；二、有名以后，出言要谨慎；三、不能老做好好先生，该拒绝时要拒绝。我感觉先生就是太忠厚，什么人拿什么东西来鉴定，一般都不拒绝，都会说自己的看法。可世道人心，并非都是正能量。

先生后来因身体缘故，不去历博了。去他家里，则诸多不便，也就少有机会见面。倒是在中央电视二台的鉴宝节目上见过几次，其中有两回我就是听说先生也来，我才去的。他那时心脏已不好，但仍然热情，爱说，兴致很高。问我要讲什么，拿给他看看。我真想劝他别来了，因这节目很累很磨人，但我最终还是没说。我知道，先生不怕别的，就怕寂寞。

前些年，先生下世了。追思前尘，我觉得先生在文物学上的造诣是非常高的。众所周知，鉴定文物需要非常广博的知识，文学史学，经学小学，金石碑帖，版本目录乃至军事经济市井民俗，甚至器物造作，都需有所了解，某些方面还要深入。虽说不必门门精通，但横通是必须的。而且，日久天长，深入其中一两个方面，成为这方面的权威，也是大概率。

但先生太随和，爱说笑爱发议论，常以赤子之心对待周围。于今这个世上，过于随和，反而遭人轻视；不拒绝别人，反而会被别人拒绝。想到这里，感慨万千。不过转念想到，如今那些蝇营狗苟之徒，无廉无耻之“砖家”，看似得意于一时，一旦败露，则遭万众唾弃。先生这种方正忠厚之人，虽因不擅炒作拙于处世而不像有些人看去那么光鲜亮丽，却会长久地存于懂他、理解他、敬仰他的人的心底，自己也就心安了。

瞎混

昨晚十点睡，今早四时起，坐以待旦。

忽然想起多年前某次在张中行先生家，当面“恭维”先生才学，先生听后，只淡淡地说了俩字儿，“瞎混”。我心想，您要是瞎混，我可就瞎掰了。

现在想来，人生从某个角度来说，就是瞎混。若不想瞎混，必须掌握规律。人生有人生规律，历史有历史规律，可谁能掌握规律？孙中山说“历史潮流，浩浩荡荡，顺之者昌，逆之者亡”。不过后来的发展是他愿意看到的吗？今日之改革开放，还是邓公说得好，“摸着石头过河”和“黑猫白猫紫花猫，逮着耗子就是好猫”。以此喻人生、历史规律，庶几近之。

京

北海琐忆

闲逛北海，想起两件事。一是“文化大革命”末期，忽然关闭，也没给个理由，于是谣言四起。揭批“四人帮”的材料显示，江青骑着马在湖畔溜达，一位“一颗红星头上戴，革命的红旗挂两边”五十来岁的老军人在前边幸福地牵着马，快乐地笑着，大踏步地走着。只是我偶然想到，“四人帮”垮后，他不知会关在哪个小黑屋里交代他的“罪行”，即“与江青的关系”，而他也一定会声泪俱下地控诉“江青对我的迫害”。

另一件事有关两张照片。我当知青时，一次探亲在家没事儿干，翻家里的旧相片。翻到母亲的相片簿时，有两张深深吸引了我。一张是一个女子的背影，她身体微向前倾，伏在湖边栏杆上。对岸小山葱茏，夕阳正在山坳处闪射光明。余晖在漾起的水面上打出一束炫目的光，女子好像正望向那道光。她身穿连衣裙，身材高挑，烫起的长发瀑布般垂在肩上。另一张是剪影。湖上没有落日，没有波光，女子侧身站着，头上的柳丝，远处的湖水，水上或远或近的小船，埋住脚踝的草丛，迎风飘起的裙摆，以及轮廓鲜明的头发、脸部和身体，都是黑色的剪影。两张照片远处可见白塔，知为在北海所摄。

照片上的女子并不是母亲。问，母亲说，这是她在外交部的一个同事。她们并不熟，不知道怎么就送了这两张照片。

因为喜欢，我把这两张照片带到了东北，没想到被大家偷跑了，因为他们也喜欢。我找他们要，结果张三推李四，李四推王五，王五推马六，终于，没了。

虽然丢了，我心里还有点儿安慰。这些知青，张口就得带俩脏字儿，两句不和就拍砖，打起架来玩儿命，没想到内心深处也和我一样，欣赏美丽向往美好。

因此，当时对“干净”的定义“手上有老茧，脚上有牛屎”看来并没能糊弄我们。自己说一套做一套，想着一手遮天，结果如何？真是搬起石头砸自己的脚。

所幸，这样的时代，毕竟过去了。

万春亭遐想

景山五个亭子中最高的是万春亭，今天坐此闲眺时，有件事让我非常惆怅，那就是天际线犬牙交错，比狗啃的还难看十倍。无数乱七八糟的建筑你拥我挤，把棚户区搬到了天上，形成一条人人可以想见的曲线。我已二十多年没来，人口激增也是没办法的事。只是想起伟大领袖人多力量大，人多好办事的教导，和以经济建设为目、阶级斗争为纲，纲举目张的斗争哲学，不能不有所思。山下，有阵阵歌声，本来隐隐，忽然暴雷般狂吼："天不怕地不怕，咱们人多力量大。"只能苦笑。这大概是在为即将到来的红五月练歌。看着万春亭，想起一九七八年考上大学后，有个朋友对我说："接到录取书的那天下午，我一个人来到景山万春亭，一瞧，一个人也没有，我马上决定要好好疯一疯。我朝着天空又蹦又叫又跳，还恨不得在地上打俩滚儿，握着拳头喊，我他妈终于上学啦！"三十多年过去了，朋友，你还好吗？

劳动人民文化宫

劳动人民文化宫，实在是个怪怪的名字。前天一进，生意萧条，香火不旺，门票仅只两块，“宫女”袖手缩头，和门外广场上的人潮涌动成反比，和门里肃杀的漫天秋色成正比。原因就是很多外地朋友不知这里边干什么。

劳动人民文化宫原是皇帝的家庙，即太庙。皇帝坐北朝南，居处称紫禁城，左祖右社，即左边太庙，祈祷祖宗保佑；右边社稷坛，祷告五谷丰登。身后有个万岁山，即景山；边上有个太液池（含中海、南海、北海），即北海。政事之余，登山临水，不亦乐乎。南头有个天坛，春来祭天，劝课农桑。年年风调雨顺，岁岁海晏河清。皇图永固，帝道迩昌。鼎革之后，旧名全乱了套。虽说我不反对与时俱进，但如“劳动人民文化宫”还是改了好。其实叫了太庙，也不会有人认为皇帝又回来了。就算回来了，也不会有人认了。就算有人认了，也长不了了。

京 旧体诗

一、帝都

京城，真是个奇妙的地方。作为帝都，我常想，这里曾御辇煊赫，官道纵横，汉官威仪，如日中天。但又不断“城头变幻大王旗”。顺着御道，前面的皇帝狼奔豕突，屁滚尿流，弃城而去。后面的皇帝旌旗蔽日，喊杀连天，追在前朝皇帝的屁股后头狠揍，威风入城。风云浩荡，想在这块地界为万世主者，长者数百年，短者八十三天，更短者一天（李自成）。吾等虽身为百姓，为生计奔忙，但每天脚下踩着多少帝王将相的脑壳儿尸骨，也算沧桑给予的荣幸。诗以记之。

落魄江湖寂寥行，色空空色万般空。行经玉辇奔走路，国破何须问贡生。

二、书生

书生老去老书生，写北写南写西东。问舍求田非吾计，诗思愿至穷后工。

三、读史

手倦抛书午睡残，白云苍狗寥廓天。翩翩史迹皆过客，堪笑秦皇梦万年。

四、生平

舌耕笔作是平生，雪上鸿泥欲辨踪。细雨春花春树夜，玲珑注日月痕中。

五、游陶然亭

陶然亭上迷离月，月下陶然酒半盅。且诗歌吹逐逝水，方将煮酒论英雄。

六、无题

走南闯北太匆匆，暮雪朝青堪诧惊。舀起一瓢沧海水，关山泼去万古溟。

七、闲坐

人海茫茫逐逝波，山河岁月漫蹉跎。何时兴起扪虱坐，醉眼一听大风歌。

八、秋色

一曲清歌上绮楼，天涯秋色望中收。归心去似东逝水，暮起烟低万里愁。

九、近中秋

梦醒回廊竹叶发，山幽水静夜无涯。问谁寻得天上路，步月摘星取桂花。

十、月夕

一轮秋月照山河，帝阙天街车马多。酒尽楼空人去后，孤光自照雪冰歌。

十一、游北海作

御殿门前望帝宫，波光塔影带愁行。荣枯有数花自落，岁岁年年诗春风。

十二、轮回

九儒十丐奈其何？忆此茫茫百感多。今日丐儒堪比蚁，当年无用逐烟波。

十三、浮世绘

伯夷兄弟洞窟藏，扑火飞蛾代代忙。鱼在釜中原是命，沐猴而冠自堂堂。

十四、重阳

登高未必在重阳，且把今日作春光。换得人生周复始，豪情原不记星霜。

十五、云游

紫陌红尘看逝波，宦游天下窥佛陀。天堂曲径花解语，谁可撷英曼陀罗。

十六、观景

日前从紫竹院乘船下昆玉河直抵颐和园北宫门，沿途所见。

凭栏远望画图多，绿柳白云斗绮罗。一色蓝天深且碧，静心听得鸟禽歌。

十七、无题

乾坤颠倒为饥寒，莫道人间四月天。光影人生如走马，休将奢侈炫人前。

十八、偶得

谁人能忘盘中餐，一饮一啄信为难。人世恰如千钟粟，咸咸淡淡淡中咸。

十九、咏钓鱼台外月夜下银杏林

菊黄蟹老晚秋天，银杏林中闹浪喧。短炮长枪人寂后，独留树影斗婵娟。

二十、过街桥上

居旁有一过街桥，每入夜，常有老人们在桥上望远。因作此。

彤云岁暮已秋风，远眺衰翁在路中。信是车流如逝水，人生几唱大江东？

二十一、军都山

昌平为军都山所环绕，政法大学即在山下。夜行山下有作。

军都远望立如屏，灯火深深寥若星。夜气入身涤尘虑，半山月色半山明。

二十二、咏雪后银杏林

今日去国宾馆外银杏林，已落叶重重，人迹杳杳，狼藉萧瑟。睹树思人，忆东晋大司马桓温领兵北征，过金城，见当年手植之柳皆已十围，慨然曰：“树犹如此，人何以堪！”攀枝执条，泫然流涕。因作此诗。

落英如雪雪风寒，败叶湿泥行路难。万物逆旅人过客，世间何事不堪怜！

二十三、遣兴

壮志雄心剩几何？鸟呼归去日无多。浔留逸兴听涛吼，未必清贫便蹉跎。

启功先生生前自称“鸟呼”之人，意离“乌呼”只差“一点”，此处用此典故。

二十四、鹿鸣

雪后暖来风后寒，琼楼玉宇换人间。天涯何处寻故友，樽酒围炉共夜阑。

二十五、闲坐

败是游民胜是王，抛头洒血岂堪伤。问谁承此英雄业，独立寒秋看茫茫。

二十六、听某人演讲

滔滔辩口胜昏鸦，俗众回家僧弃裟。说浔明天成泡影，牡丹花变后庭花。

二十七、阿斗

征欢逐乐岂南方？笑看催归啼血忙。六出祁山何干我，此身安处即家乡。

二十八、刘邦

无赖游民做帝王，不德不礼又何妨？成名竖子谁保佑，天下归仁法三章。

史载：晋阮籍过刘邦故地，叹曰："世无英雄，乃使竖子成名。"

二十九、听谈黄晓明大婚

半是欢欣半是愁，汹汹众口几时休？从来高处多风雨，莫到层楼最上头。

三十、读林徽因《你是人间四月天》有感

才女命薄亦可怜，空将盛誉占行先。从来万物皆命定，九月天杀四月天。

三十一、听谈历史电视剧

道寡称孤又奈何？黍离一曲带愁多。今人不管亡国泪，只把风情细细说。

三十二、咏曹操《短歌行》

平生最爱短歌行，唱去昏鸦唱晓风。留得豪情鲸戏海，何人领取大江东。

三十三、听谈富豪榜

烂柯山上不知愁，世事如棋论未休。夸得身家千万万，花开一季树一秋。

三十四、渔唱

红尘一去即身轻，湖海飘摇任我行。郢地从来少白雪，缘何望月起三更？

三十五、崔莺莺

宋宫廷画师陈居中出使金国，于山西永济普救寺见莺莺像，名“千秋绝艳”。摹之。尔后喧播海内，风行天下。越二百年，祝枝山见之，叹服其美，但“第似微伤肥耳”。唐寅与之同感，遂自画一幅，欲灭其肥。而今观之，仍为胖女。《西厢记》祖本，出于唐元稹《莺莺传》。记莺莺体态“肤润玉肌丰”。体肥，唐人审美。家藏《西厢记》，首有图“千秋绝艳”，丰姿宛然，如对唐人。得诗四首，系之于下。

此图流传最广，但非陈居中原作。据文献载，明清时刊本极多，其中有人并非专为谋利，而乃深喜《西厢记》，且倾慕莺莺者。有一人，忘其姓名，不惜花费巨金，屡请名家高手，重绘莺莺之像，务求尽善。版刻亦精益求精，反复挖改，所费极多。可想彼时《西厢记》流布天下，莺莺为人倾羡之况。

其一：

长安三月丽人行，美女入唐体态丰。时尚画人挥五彩，精心绘得胖莺莺。

其二：

千秋绝艳万千名，美色莺莺看倾城。居士六如天笔纵，欲将丰满改瘦生。

其三：

意态由来画不成，莺莺难做掌中轻。画人不去旧笔墨，肤润肌丰代代行。

其四：

莺莺跨海入东瀛，日女随之亦见丰。可叹两邦交已久，从今不再起刀兵。

三十六、洞庭

雪浪如山撼洞庭，云蒸霞蔚远含清。涛鸣风起烟浩荡，十二潇湘看月明。

三十七、庄子

安于术业蔑王侯，学贯天人比《九邱》。无有乡中论大道，《化蝶》《鱼乐》两无忧。

《九邱》："三坟五典八索九邱"指最古之书，代指传统文化中最高深者。"坟，大也；典，常也；索，求也；邱，聚也。"无何有之乡，出《庄子·逍遥游》；梦蝶，出《齐物论》；鱼乐，出《秋水》。

三十八、无题

争名逐利哪堪伤，燕燕莺莺上下忙。借得北海垂钓饵，观鱼胜过富春江。

三十九、秋日山行

秋高云淡挂残红，柳盛花繁草尚青。涉水攀岩穷碧落，山河莽荡起天风。

四十、分香

甄嬛芈月不荒唐，宫斗廷争变海桑。烛影斧声空寂后，谁怜众女诗分香？

分香：亦作分香卖履，出自汉曹操《遗令》。“吾婢妾与伎人皆勤苦，使著铜雀台，善待之。……余香可分与诸夫人，不命祭。诸舍中无所为，可学作组履卖也。”组履，编鞋。分香卖履，即指临死前不忘妻妾，为其谋划生活。

四十一、梦

杏花春雨梦江南，心事如云知哪边。欲效洞仙闲落子，胡麻不种种桑田。

四十二、风月

无边风月漫人间，情少情多论后先。沧海月明珠作泪，蓝田今日可生烟？

以义山《锦瑟》诗“沧海月明珠有泪，蓝田日暖玉生烟”化而用之。《博物志》载“南海有鲛人，水居如鱼，不废织绩，其泪能泣珠。”即珍珠。蓝田，传说秦国君有女名小玉，与士人韩重相爱，碍于门第，不得嫁，郁结而死。韩重来其坟前祭奠，小玉忽出，与生时无异。韩重上前，方欲相问，小玉却化轻烟而去。

四十三、岁末感怀

昊天日落暮云高，且把清樽慰二毛。愿是曲终人不散，萍踪鸿一梦遥。

四十四、雪夜忆少年

寒凝大地气萧森，灯影昏昏夜色沉。独在异乡亲炉火，谁思风雪夜归人。

四十五、春日山行

骚人墨客斗词工，暖日生香桃欲红。最爱林边山下草，年年岁岁笑春风。

四十六、神鳌

星河直上九天高，日月风云何处逃？欲驾扁舟江海去，会稽山顶钓神鳌。

钓神鳌：《庄子·外物》讲任公子做了巨大的鱼钩，用了极粗的绳子，以五十头肥牛为钓饵，坐在会稽山头，将鱼钩直甩进东海，天天垂钓，整整一年，一无所获。后来终有大鱼上钩，大鱼昂头摆尾奋力挣扎，大海随即为之激荡，白浪滔天高过山峦，声如鬼神咆哮，千里为之震动。任公子将鱼做成鱼干，分给大家，自制河（钱塘江）到苍梧（湖南南部）的人们都吃得不想再吃。

四十七、扬州杂感

其一：

十里春风豆蔻初，谁家少女在金屋？迎来送往天下客，识得何为大丈夫？

其二：

烛影摇红望渡舟，烟波唤起兴亡愁。扬州月色真无赖，桂树移来古埠头。

四十八、遇雨

沧海翻波月似钩，六朝金粉黯然收。佳人才子随浪去，雨打扬州万点愁。

四十九、即兴

一轮冷月照扬州，谁把江南烟雨收？芳草暗逐流水梦，新新名士唱风流。

五十、无题

朝从漠北访人家，暮到春城看晚霞。莫把红尘轻一笑，人生随处是天涯。

五十一、闲行

春红遥映碧云天，稚子抛石戏水边。日下通衢游乐处，絮花如雪雪如烟。

五十二、闲坐

《春秋》抛掷度春秋，梦影前尘懒回头。谁记人生几风雨？飞鸿踏雪不知愁。

五十三、游颐和园

成王称霸看吴钩，雨散云收换歌喉。碧水偷移山半面，佛香阁下问闲愁。

五十四、故宫

天若无情天不老，阶前白露历三朝。夕阳斜分墙外柳，唤取何人吹玉箫。

五十五、游春

一春常费买花钱，柳下熏风醉岸边。为看佛堂迷路径，青山绿水入桃源。

五十六、嫦娥

读了些咏月的古诗，忽然想到，月中有桂花酿酒，有玉兔做药，还有广寒宫可做酒店，最主要的是有嫦娥，不但舞姿绝世，而且是玉帝红人，长袖一舞，富贵不在话下。可她就孤冷清高，不在帝侧，僻居月宫，只将一片清光，投向人间。

桂花摇落广寒宫，月里嫦娥舞天风。何不考察深沪港？人间仙境不相同。

五十七、忆北固山

云锁千峰雾不开，江山亭殿共徘徊。古今多少杀戮地，断壁残垣鸟雀哀。

五十八、看花

夜中微雨透窗纱，柳色满天岂有涯。灯火缤纷春暮晚，闲游酒肆慢归家。

五十九、车行故宫前

从来成败靠征杀，紫气东来做帝家。阙上白云何邈邈，檐前铁马诉繁华。

六十、春夜游什刹海

夜过什刹海，歌台林立，流光溢彩。红男绿女，摩肩接踵。店家敞门迎客，吆喝不断。内有座无虚席者，有稀稀拉拉者，更有空无一人者。歌女们皆卖力歌唱，不敢懈怠，可知生计之艰。京城大，居不易。

月色昏黄人影斜，孔明灯放逐飞鸦。未知有几日下柳，来买楼台庭后花。

六十一、秋瑾

秋风秋雨作离歌，壮志雄心奈若何。重整河山甘洒血，忍将岁月付烟波？

秋瑾临刑时，行刑官问有何遗言。瑾索纸笔，书“秋风秋雨愁煞人”七字，掷笔成仁。

六十二、马援

雄关天堑作山河，振旅兴邦谁奋戈？四面边声思猛士，令人长忆马伏波。

马援，汉光武时名将，封伏波将军。《后汉书·马援传》“（援）男儿要当死于边野，以马革裹尸还葬耳，何能卧床上在儿女子手中邪？”

六十三、送友人南下

柳下江边黄昏月，月昏黄里唱离歌。天涯留得豪气在，不效行人涕泪多。

六十四、京城四题

其一：长城

一从幽燕立秦砖，朔气凝云雪满山。铁甲辛勤征人苦，秦时明月汉时关。

其二：钟鼓楼

历历沧桑钟鼓楼，晨昏相守望悠悠。凭栏远眺什刹海，歌板烟波逐水流。

其三：王侯府

兴亡成败等泥丸，万国朝天异冕冠。多少王侯堂上燕，空将哀乐诉人前。

其四：婚事

芳菲郊野少年欢，不负春风杨柳天。踏遍帝京街巷坊，御沟桥上订姻缘。

六十五、经行

琼波玉液细如麻，断壁幽深探故家。神武门头风戏柳，陶然亭畔看残花。

六十六、月季五题

友人家有月季园，入夏，群花怒放，五彩缤纷。昔日家中也曾遍植月季，当夏之时，满院盛开，且有外间稀见之品，如黑、蓝、金黄及插色等。抚今追昔，得诗五首。

黑色

一片朦胧花影森，堪和夜色竞深沉。浩然成得今古梦，懒向人间费口唇。

蓝色

蓝色妖姬斗细腰，风前月下动如涛。情天恨海谁摆渡？一笑拈花看傲娇。

金色

落日熔金不敢摘，逼人光焰退尘埃。花心堪淂比烈火，看取凤凰涅槃来。

插色

层层裹裹上香阶，王母撷英眉际贴。深浅淡浓分五色，何人取作同心结？

归宿

一季芳菲百日园，缤纷归去看花仙。循环有道周复始，秋去春来不老天。

六十七、景山牡丹

春风一笑便相逢，姹紫嫣红禁阙中。桃李难能争上下，人间多是看雍容。

六十八、狗尾草兼二月兰

二物多见，地位最下。世间戏言，一穷命一贱命。却唯其经冬历夏，不死不灭。歌以咏之。

众芳归去入蓬莱，天道轮回各盛衰。历雪经霜唯看此，谁说贫贱漫成哀？

六十九、感怀

夜读曾是伴织娘，风寂人静月上窗。籀史诂经思大业，慎终追远弃膏粱。牡丹亭下听谈鬼，霜天楼上望天霜。细数华年如过隙，萧萧落叶遍八荒。

七十、京城雨后观虹

两道飞虹压赤涛，凤城谁与比天骄？玉皇张宴顺义酒，王母思乡平谷桃。曲巷通衢达四海，灵花异树蔽云腰。乡关日暮最柔媚，夏雨春风动妖娆。

七十一、黄粱

人生谁不梦黄粱？梦里黄粱有帝王。占淂江山形胜地，坐拥天下百千方。长城万里说秦汉，宫阙九重吊商汤。霁月光风云常在，霜天楼上好清凉。

七十二、养生

闲来无事不从容，又见窗前百卉红。摩拓有无三都赋，临池出入二王中。苑边水殿幽明里，亭外花枝来去风。休把喋喋说万物，回头一望即春融。

七十三、忆往

与友人夜入饭店，听谈知青旧事。

藤萝石上月光斜，别梦依依进酒家。星斗微明鸡唱曙，暮云黯淡雁平沙。惊雷入地走荒野，风雨漫天打梨花。莫道人生无再少，海中起得桑田瓜。

七十四、读词

凌波一步即娇颜，水阔山长风入轩。回首夕阳红尽处，知谁天外倚危栏？

七十五、西安

西行孔子拒蛮荒，一统争说秦始皇。鼎食钟鸣难御暴，三千粉黛下咸阳。

七十六、无题

云淡风闲望九州，山河大地任优游。杏花影里吹春雨，明月楼前聚水沤。年少思强读《水浒》，老来阅世看《红楼》。有形身在无形外，庄子鼓盆一醉休。

七十七、戏作

位卑未敢忘国忧，米面柴盐处处愁。躲进小楼难一统，是真名士自风流。

七十八、偶成

缤纷春色灿然秋，落叶繁花永驻留。辗转空寻千里梦，挑灯常为五更愁。横眉非对千夫指，俯首甘为孺子牛。湖海依稀声渐远，霜天楼上物华休。

七十九、市街归来

廛市一入难回头，曲巷深衖任遨游。酒肆听谈韦小宝，书摊初见李莫愁。有缘结拜宕状元，无故错失一品粥。鼹鼠饮河求满腹，何劳鸡血喋不休。

八十、任侠

孔子六艺，文武全才。周游列国，有侠士风。故文人亦以侠自许。历代以降，唐诗人为最。如李白、高适。即杜甫、王维亦有作。边塞诗为其大宗。自唐以下，文人渐趋细弱，今乃不堪。有感，即作。

江海茫茫羡英雄，天涯浪迹试弯弓。龙飞四海惊万物，鼠走山川乐无穷。志在八荒访书剑，闲说天地看鸿蒙。诗人自古多侠气，敢向人间抱不平。

八十一、祸水

千山万壑阻溪流，壑陷山颓水未忧。青史从来非信史，红颜诿过使人愁。

八十二、无题

长巷空空锁晚春，梨花院落不开门。案前走笔摹古卷，厨后端茶试水温。沧海风推千浪舞，西山日落万云深。蝶飞鱼乐归何处，松下一揖五柳人。

八十三、夜作

世情不以看堪差，桃李园中摘淂瓜。游子思谋归故土，新人浩荡入京华。夜长无事观灯影，梦月随风到海涯。万卷诗书闲闲锁，门前厅外扫积花。

八十四、生息

独立寒秋意气昂，五洲何处觅良方？青山绿水成幻景，耕绩渔樵少计量。一地霜风知秋气，满城芳草共星光。有闲无事民皆乐，对酒当歌即小康。

八十五、忆春日游山

山行野望四无涯，树影晨光染碧花。叶底黄鹂歌婉转，河中鳞甲映朝霞。深幽曲径通荒寺，陡峭巉岩看断崖。一枕山前引路水，乱分春色到人家。

八十六、携友人夜游什刹海有作

一过灯船五色迷，虹光变幻水习习。霓裳随意声调婉，钢管无情纤手细。人世难谋五斗米，一餐费尽十分力。红烛背后黯神伤，帝阙从来居不易。

八十七、高唐

名缰利索是为哀，花酒诗书入满怀。小巷依依寻故迹，歌楼历历看章台。曾经沧海难为水，除却巫山皆是埃。春色十分梦几处，高唐神女可重来。

八十八、李斯

一从楚地入秦关，勋业威名焰炙天。浔入仓房遂夙愿，难牵黄犬又谁怜？只觑富贵哪厢有，曷见严刑亦抢先。今日蚊蝇千万万，夜询长策问商韩。

韩注《史记》卷八十七《李斯列传》载：斯初入秦，为小吏。一日如厕，厕鼠奔逃，且黑瘦而小。后入治粟都尉仓，仓鼠见人不惧，又大而肥胖。斯感慨系之。比之人生，食粪食粮者所以不同，一在厕，一在仓。后斯为赵高构陷，夷九族。当腰斩前，斯谓其子曰：吾今欲与汝，牵黄犬，出东门，逐狡兔，尚可得乎？父子皆泣。

八十九、闲居

人世逢迎百事乖，难当大限瞬间来。窗旁试砚挥新笔，床下寻书掉蜡台。草色芳菲天地远，江山风雨家国怀。红尘无数谁聚散，云影天光共徘徊。

九十、夜归

万紫千红一霎开，无端谁教化尘埃。惯常寂寥纸墨戏，难浔天涯故友来。灯月双昏鸳鸯锦，雀巢争占凤凰台。一花一叶出魔界，禅院深深看绿苔。

九十一、忆山西绵山及怀介（公）子推

云暗天低莫感伤，山川从古是沙场。连天冰雪铁甲冷，动地哀声战血香。乱水争流穿碧谷，万山深处过斜阳。世人有几识耼老，撷采耕织隐僻庄。

山西，古三晋之地。其地邻秦，战祸连连，民不堪生，终为秦所灭。

九十二、无题

梨花老去少人摘，宝玉通灵遍是苔。一亩荒芜藏小径，半塘清水入蒿莱。贾氏窥帘韩寿走，魏王留枕宓妃来。恨海泛舟谁摆渡，相思寸寸化尘埃。

九十三、有感于徽宗

徽宗赵佶被掳北行，死于五国城（今黑龙江省境内）。读其“绝笔”《燕山亭》，仍追怀往日风流享受。感慨系之，有作：

看似风雅是误国，观天坐井不挥戈。北车飞雪指万里，南客神伤望逝波。尚念地衣排雁阵，犹贪碧树赏烟萝。可思一洗中原血，十万旌旗下界河。

九十四、日暮过紫竹院

游客依稀日影深，花溪柳泾静无人。龙吹寂寂丹桂院，凤叫沉沉紫竹林。云灭远天帐寥廓，蛙喧池水泻天真。何须四海逐名胜，眼底风光即可吟。

九十五、读《刘禹锡集》

为政何惜贬黜身，山川行处任歌吟。云压沧海千舸怒，风起郊原万马喑。烟瘴谁言无杏李，山河随处有关津。诗文豪逸垂青史，开卷长思刘使君。

九十六、致友人

两鬓虽霜性复真，昆明池畔送归人。江湖几试风落帽，逝棹当无雨打身。霁日亟思饮老酒，晴窗走笔作闲文。世间冷暖何关意，只问婵娟多少分。

九十七、闲游

京城街巷化烟波，剩水残山意若何？沧海桑田画里索，新花老树望中多。千年烽火换春色，百代城垣结薜萝。一洗红尘净尽后，清光桂影看婆娑。

九十八、过故居

无端信步旧时家，风起落花即天涯。故地云霞拥广厦，旧衖槐柳绕昏鸦。流金岁月人同老，浪迹浮生何处家。水北山南好葬骨，化蝶不必挂衰麻。

九十九、行经昌平，过学校门前，有作

匆匆聚散在学堂，卅载悠悠论短长。犹记深吟庄老日，忽然歌舞桃李芳。万般风物成桑海，一路红尘逐玉霜。西北风吹东南雨，亦无忧惧亦无伤。

一百、静坐

闲来事事看从容，万法归一在掌中。帝阙几经黄昏雨，故宫多少落花风。晴窗静赏中秋帖，寒夜低吟瘗鹤铭。回首前尘方始悟，人间难得做书生。

一百零一、昌平闲居

风生云起昊天高，炎火熔金一旦消。远望青山绕绿水，近观秋柳斗花妖。林泉一亩足五斗，朝上三人争二桃。闲览诗书尊老子，莫将世事问皋陶。

一百零二、闲中

从来佛祖是金身，时尚求财拜大神。学子若无点铁手，教头不许入山门。秋风万里逐行客，群雁南翔感旧恩。人事沉浮多错迕，霜天楼上月黄昏。

一百零三、秋日市行

云为衣袂日为容，凤阙龙阁多少重？孤雁落霞一色里，清风明月两相逢。故都秋气凌霄上，异地时俗斗女红。日暮乡关何处是，天涯咫尺本难同。

一百零四、静夜

春月春花未必春，秋来夏尽看心痕。诸公有幸成巨贾，百姓争先做远人。风雨江山沉百感，悲欢世事累精神。小楼一隅难圆梦，斗转参横夜气森。

一百零五、读报

广电总局下文禁演员拿天价演出费，有感。

歌翻柳浪尺箫陈，校尉摸金池水浑。万众追星常见事，官家何必又劳神。春风多少花为主，陋巷明幽月看门。灯火阑珊甘寂寞，床头倚枕念闲文。

一百零六、书后自题

过尽千帆欲海舟，情天何事苦淹留。蛛蛛檐下结细网，虫豸堂前看被收。密密黑云压赤日，重重霞彩护金瓯。书中自有山河阔，读史习经未敢休。

一百零七、行经昌平湿地森林公园

一春费尽酒千殇，花去谁为作道场。十万柳丝争浩荡，三千峻岭入苍茫。深林闲日鸣天籁，小径藏人逸晚芳。静坐听风清气爽，人生不必再彷徨。

一百零八、梦游

浪迹三吴过九门，遨游会稽禹王坟。未辞山北千道雪，已作岭南踏歌人。浩浩古今同土芥，茫茫江海试杯盆。撒然一梦谁先觉，稷下宫前脚可伸?

稷下宫：战国时齐王于临淄设稷下学宫，招天下贤人讲学论道。荀子入主其中，韩非、李斯从其游。

伸脚：明张岱《夜航船》载：昔有一僧人，与一士子同宿夜航船。士子高谈阔论，僧畏慑，蜷足而寝。后僧人听其话有破绽，乃曰："请问相公，澹台灭明是一个人两个人？"士子曰："是两个人。"僧曰："这等尧舜是一个人两个人？"士子曰："自然是一个人。"僧乃笑曰："这等说起来，且待小僧伸伸脚。"

一百零九、中秋

玉兔隐隐桂叶多，广寒宫里看婆娑。人生有梦排浪去，世事何如踏月歌。已历卅年池井水，尚留余岁夜航河。星云借得三千丈，直上青天访素娥。

一百一十、无题

重帷阁里毕严妆，寂寞清秋月上窗。车走帝乡疑路远，书失驿道意彷徨。荷池已败芙蓉碎，林下衔枝鹦鹉忙。不信风摧菱枝弱，愚愁未许泪沾裳。

一百一十一、无题

梦里依依树影长，南邻烛火北临窗。但嫌月色穿绣户，终得浮云解佩囊。十里春风熏舞榭，淮南皓月冷天霜。悲欢相遣谁惆怅，借与巫山说楚王。

一百一十二、无题

云为衣袂月为裳，清夜长听络纬娘。一过桃花灭迹后，满天蒹葭已秋霜。八千楚客歌下里，三五行人和孤芳。尽道黄金收百媚，无人上得莫愁堂。

一百一十三、无题

回眸巧笑庙堂亡，祸水红颜不可商？半句戏言看莞尔，一言成谶始堪伤。愁生故国山河远，梦起天涯驿路长。两地争知同夜雨，坂桥茅店雾茫茫。

一百一十四、读《西厢记》

《西厢记》中，莺莺登场即唱："花落水流红，闲愁万种。无语怨东风。"后又以诗回张生："待月西厢下，迎风户半开。拂墙花影动，疑是玉人来。"赋此。

嫣红姹紫黯神伤，如许春光却怅惘。国色终随逝水去，天姿无处话凄凉。偷将玉缄背人启，须把幽情避日光。花影移墙心魄动，月来云破映西厢。

一百一十五、暮夜

花褪娇容四野凉，遥天芳草碧生窗。一围山色听夜鸟，半壁清光乱水塘。韩重坟前拜小玉，巫神留梦寄楚襄。闲将万物穷究理，定数由天人自忙。

一百一十六、无题

一从楚客下襄阳，生死音书便渺茫。沧海月明珠作泪，蓝田日暖玉犹香。江湖永忆青山梦，风雨难量汴水长。灯火阑珊舟似芥，芦花苇荡尽秋霜。

一百一十七、怀先祖

萧瑟人间悲落英，流金不减祖先情。门前牵手游厂甸，院里放鸢戏晚晴。竹下庭前植月季，树边廊上数寒星。无端蝶化空山去，一盏青灯伴月明。

一百一十八、游园

友人南来，共游园，如赶场，如闹市。且无暇也无处惊梦。可知杜丽娘游园惊梦，非人人可得。但帝王将相除外。前者封为禁地，后者来前静园。只不知惊梦不惊，惊的是什么梦。

晚秋天气禁苑中，遥想繁华夜放灯。堂下摇摇风戏柳，水边沁沁柳生风。他年歌舞嫔妃院，今看翻飞鸟雀宫。幼即从游无不至，云烟过眼度浮生。

一百一十九、听友人谈

蛰居斗室共长谈，问道答疑情志安。不尽秋风掠大地，万千寒雨收江山。冷因人世多变态，热是天生好自然。雁落星沉清净界，霜天楼上看阑珊。

一百二十、无题

又是芳华冉冉休，前尘如水大江流。海棠花里蝶欲醉，深柳堂前月上楼。酒绿觞传箫鼓尽，灯红烛细舞衣收。相逢人海凭一笑，朱雀桥边几客留。

一百二十一、平山堂北

恼人天气闹声高，锦簇花团看傲娇。日暮黄昏寻路径，平山堂北问春桃。

一百二十二、陪友人游南锣鼓巷及什刹海

如水行人来万方，南锣北鼓夜开场。百食罗列集四海，千物杂陈满店堂。银锭桥头歌樊素，镂金船里唱秋香。繁华之下辛酸泪，群燕离巢上下忙。

一百二十三、秋行

帝阙西南御殿东，楼台历历数萍踪。天衢漫漫谁走马，碧野悠悠好试弓。楼上歌吹杨柳月，枕边过尽落花风。无端惊起邯郸梦，已是黄昏夕照红。

一百二十四、江畔

芦花深处雁凫惊，带月秋风扫夜星。江上渔夫歌浩荡，如今剩得几人听。

一百二十五、往事

天高云淡尽秋菊，解缆登舟烟柳碧。北去相随植稻谷，南来携手采茱萸。庭中桃李歌春夜，花下笙箫坐月溪。托得鱼雁传信物，江空海阔任东西。

一百二十六、行经

钓鱼台国宾馆外银杏林。

灿然林叶罩秋光，当日何人布雁行。葱郁之时同翠柳，金黄一旦异芬芳。门前庭后分月色，衰草残花共馆墙。暮起烟低飞鹊鸟，不如听取蔡中郎。

一百二十七、千灯镇

从来丽质是天成，国色何能见落英。历历关山萦旅梦，萧萧落木葬伶仃。一抔黄土添新恨，似水流年未了情。万事到头终幻灭，杜鹃声里夜千灯。

一百二十八、黄叶庄

玉翠珠香竞艳妆，百千众里看宫娘。凌波堂上歌洛女，槐叶风中舞霓裳。树后微声随步没，石边低语月池凉。灵犀一瞬春山永，照影飞鸿黄叶庄。

一百二十九、偶成

雾满烟迷天似嗔，万家灯火共深沉。白霜黄叶平大地，夏雨春风成旧痕。棒喝佛堂谁讲法，乘芦踏水又何人。纷纷世象无穷问，冷月不如葬诗魂。

一百三十、钓鱼台外银杏林

刚才去国宾馆外看了看银杏林，人山人海。除了成双成对的年轻人，还有许多全家出动，搀着老人，抱着婴儿，还不忘宠物，带着大狗小犬。由此，卖糖葫芦的，棉花糖的，棒棒糖的，矿泉水的，大大小小塑料玩具的，一拥而上，齐声吆喝。金黄的银杏林里，人人脸上带笑，到处喜气洋洋。赋此。

落照夕阳暮色沉，橘红黛绿秋当春。国宾馆里鸦向晚，银杏林中犬弄人。岁岁年年黄叶地，来来去去四方宾。争知此处多虚幻，天地从来两重门。

一百三十一、咏太庙

昨日大风驱霾，所以去了太庙（劳动人民文化宫）。里面居然空空荡荡，恍如无何有之乡。寒鸦成队，游人三五，升堂入庙，遍观诸帝。出园时已交暮色，斜阳穿地，柏树阴森。得诗：

半日浮生谒帝坟，秋杀万物气萧森。堂高庙阔空壮丽，地老天荒觅旧痕。鸦噪霜寒携幼小，柏枝生聚序时轮。丹墀之下察天意，自古原无不死君。

一百三十二、咏月

读李义山咏月诗“过水穿楼触处明，藏人带树远含清。初生欲缺虚惆怅，未必圆时即有情”有感。

月即无心人有情，嫦娥环珮动天庭。霜寒星冷红蜡尽，入室穿堂衣袂明。江畔一轮歌盛筵，山中孤影叹伶仃。踏天步月折丹桂，无限清光映帝京。

一百三十三、再咏银杏

岁暮生寒已晚秋，林中拾叶久淹留。昔年过路人语寂，今日行经万众稠。黄绿缤纷无所靠，斑斓五色入清讴。翩然悟此成坐忘，山魅树精夜共游。

一百三十四、无题

水远山高金玉堂，繁花难系柳丝长。东偏绕室青梅女，西去拍门竹马郎。星映长街孤月冷，霜凝小巷夜灯黄。聚合自古从天意，惆怅由来是清狂。

一百三十五、赠友人

三间陋室两厢书，人世功名有似无。老树堂前荫岁月，秋风房后伴�蛄。漫说经史高门第，难比昭阳卫子夫。若许从今闲乘月，飘然山海醉糊涂。

一百三十六、风月

近腊时节岁欲除，苍茫大地夜灯疏。楼前窗上弄树影，云冻霜寒戏鹧鸪。紫禁城头飞玉兔，昆明池畔落金乌。是谁共淂风和月，酹去江山酒一壶。

一百三十七、咏曹公

何忧死去万般空，立业无关身后行。不尽长风阔大地，万千豪气入心胸。势分吴蜀三足鼎，占去中原天下雄。锦绣河山任顾盼，短歌铜雀唱余情。

一百三十八、与友人

谁将无用论书生，鷟雀鲲鹏各不同。习史攻经成伟业，金戈铁马坐秋风。牙拍唱尽岸边月，铁板遥思大江东。邺下曹公诗卷永，中原立马第一峰。

一百三十九、川行

川江争出势如瀑，一似长天倾酒壶。月榭歌台梁父少，年荒世乱守孤独。湖山纵横思谪仙，天下忧心看老杜。细蕊柔条岁岁新，巫云楚雨朝朝暮。

一百四十、闲坐

飘然一叶即知秋，起落浮沉岁月稠。万两黄金藏书卷，千樽美酒送白头。三江来汇浮黄鹤，九侣相约登此楼。游子思归望帝阙，弥天烟雾使人愁。

一百四十一、夜长不寐，有作

未许平生羡弹冠，丈夫困窘意如闲。十年霜雪黄叶渡，廿载晨昏烂柯山。漫道几登兰若舫，因缘得上买书船。红楼夜雨青灯梦，便是人间好云烟。

一百四十二、夜起

熊掌与鱼得而兼，痴人说梦亦可怜。仁义难有黄金重，食色终将欲壑填。远道和尚敲瓦釜，邻家小妹作娇憨。危楼曳杖望沧海，邀得风月同煮山。

一百四十三、效李义山《无题》诗

一天月色黯然收，冷帐拥衾烛火流。魂断角声路万里，落花人在海西头。闺中心事常时有，窗外莺啼几日休。昨夜星辰昨夜梦，多情自古是多忧。

一百四十四、梦游

霜露迷天夜敲钟，桃花渡口望仙宫。钓船五处闲晚水，明月三分共晓风。云上冲天腾白鹤，松边访道问琴童。浑然忘却人间事，亦无惆怅亦无功。

一百四十五、咏《水浒》

地煞天罡下九州，刀枪剑戟数风流。英雄必是杀为主，好汉须能义打头。江海从来风裹雨，世情不论生和熟。皆兄弟也成虚语，明月芦花夜水愁。

二十世纪三十年代，美国作家赛珍珠译《水浒》，书名题为“皆兄弟也”。鲁迅知道后，在给姚克的信中说，“近布克夫人（即赛珍珠）译《水浒》闻颇好。但其书名‘皆兄弟也’便不确。因为山泊中人，并不是将一切人都当作兄弟看的”。

一百四十六、咏曹雪芹

新愁未去旧愁添，月下灯前数俸钱。稚子捉蛙寻水泗，新娘无靠向空山。飘飘黄叶红楼梦，历历芳踪太虚天。可叹盛衰如走马，一夕风雨伴孤眠。

清制：满族罪臣之后，可入绿营，但并非入伍，只是得些饷银，以谋生计。银甚少，难供一家用度。雪芹好酒，无下酒菜，子虽幼，甚孝，常捉蛙供其下酒，后病饿无钱而死。时雪芹新婚，子去心恸，不久亦亡。后人谓之：子穷饿而亡，学芹泪尽而逝，新妇飘零。

一百四十七、岁末自题

腾蛇乘云终是哀，冰霜一去即春来。无须运命金石固，自有诗文家国怀。草色烟光摇证辔，逐花傍柳上天台。时人不识余心乐，谓取无为事事乖。

一百四十八、新年遐想兼祝友朋

弥天烟雾度新年，落拓人间意气闲。把酒从容看万物，观书沉潜对前贤。长风浩荡终穿雾，春草芳菲绿盎然。好友宾朋诸事顺，天涯海角一比肩。

一百四十九、读史有感

其一：

败则相与胜则离，文种寻追伍子胥。一棹迎风西子女，五湖烟水共忘机。

史载：范蠡、文种助勾践灭吴后，范蠡劝文种归隐。言勾践为人，只可同患难不可共富贵，兔死狗烹，鸟尽弓藏。且世情太高人愈妒，过洁世同嫌。今日不走，他日必祸。文种不从。未几，勾践赐剑于文种，视之，乃当年吴王夫差赐死伍子胥之剑。文种即自刎。范蠡则携西施泛舟五湖，优游林下以终。今有西施研究会，考证其家世，光大其事迹，颂扬其精神。而发掘夫差，勾践、范蠡、文种、伍子胥者，未闻。可证王维《西施咏》首句“艳色天下重”不虚也。

其二：

出生入死尽披伤，裂土封侯难抵偿。噬咬搏杀由主遣，原来功狗走朝堂。

《史记·萧相国世家》：高祖定天下，以萧何功最高。诸将不服，皆曰：臣等披坚执锐，多者百余战，少者数十战。萧何未有战功，徒持文墨议论，反居臣等之上，何也？帝曰：诸君知猎乎？曰：知之。知猎狗乎？曰：知之。帝曰：夫猎，追杀兽兔者，狗也。而发踪指示兽处者，人也。今诸君徒能得走兽耳，功狗也。至如萧何，发踪指示，功人也。功狗一语，遂为两千年来不刊之论。至于萧何，后亦因事下狱，险成被烹之犬。因发令群狗者，只有一人。

一百五十、晴夜

星明月净夜云高，鹤唳长天好梦遥。虽祝春来花蔽野，亦怜冬日雪中蒿。适情必往清凉界，立命何须天子朝。一酒一觞一叹咏，乡关无处不妖娆。

一百五十一、烟雨楼头

谁说尘世尽杞忧，步步行来步步愁。为此欲倾三百酒，岂惜立典万金裘。神思水畔西洲曲，听唱山间信天游。豪放低回皆妙境，放歌一上烟雨楼。

一百五十二、春节遣怀分赠诸友

四时往复又一周，大地山河任漫游。北固关前思王谢，快哉亭上看吴钩。天涯愿得同操楫，海角应能共一舟。宠辱尊卑何在意，与君携手浩然楼。

一百五十三、《济公传》

祖父与我最喜读之书。晨起，发箧，题端。

芒鞋破衲一癫翁，济世帮人在暗中。苦海回头须放手，试南试北试西东。

一百五十四、晚间友人来，听谈旧事至夜深

佳节天静夜云高，回首当年意气豪。把臂冰原山路险，相扶荒野客途遥。难食酸菜就苞谷，狼吞猪肉炖粉条。梦影依稀魂千里，不将岁月惭二毛。

一百五十五、上元节

街巷行人汇四方，新春锣鼓又开场。黄尘蔽日风尚劲，红焰燃烛花蕴香。满地昏灯移树影，一天冷月伴星光。灯节遥想鱼龙舞，夜登琼楼看故乡。

一百五十六、晨起，经行景山前

谁把人间风露收，从来战血换清讴。焚香长有承平日，祝祷应无杞人忧。自在红尘轻似梦，朦胧弯月细如钩。东来紫气西归去，万岁山前万岁休。

一百五十七、雪

茫茫一片降瑶台，引使千门万户开。落雁终逢留爪日，人间不计往复来。樵夫云外随山隐，估客城中论大宅。天下谁先发春意，梅花万簇何处栽。

一百五十八、盼春

醉酒迷花已早春，柳丝拂水洗轻尘。来风堂下听白雪，望月楼前奏古琴。谁许临川浔四梦，何人海角逐芳魂。春风一路只十里，莫厌伤多酒入唇。

一百五十九、看电视剧《大唐荣耀》有感

皇家苑囿乱纷纷，好梦难从阙下寻。长乐宫中霓裳舞，马嵬坡上碧血尘。只求偕老隐乡野，未重霞帔映帝门。世事难遂人所愿，禁城月色过无痕。

一百六十、春

春风春色入春山，绿野行将百卉妍。遗世佳人归浩渺，劫中俗子断尘缘。灞陵驿路山亭暮，南浦舟行烟雨帘。自古多情终为累，花开花落又一年。

一百六十一、无题

闲云野草自生发，姹紫嫣红入万家。欹枕长思江海梦，披衣远眺晨夕霞。柳梢枝上听春雨，明月溪头看杏花。空谷佳人踪迹渺，来风十面动琵琶。

一百六十二、观《大唐荣耀》电视剧，咏珍珠

其一：

总将爱恨委红妆，碧血凝成剑气光。离乱悲欢寻真恋，分明恩怨为高堂。龙游御殿红烛宴，凤舞丹墀锦绣香。却是浮云遮望眼，长留后世诉衷肠。

其二：

大唐气数已夕阳，良策安出苦彷徨。未若灵依多手段，更无独孤善刀枪。佯装决绝明去意，强使无情掩柔肠。平沙驱马向大漠，一揖长此谢君王。

其三：

谁说妙算张子房，人生走马信由缰。浮沉皇室几罹难，飘摇民间多祸殃。深仇得报家有女，大恨终了血亦香。一缕幽魂归天日，空闻林鸟唤冬郎。

其四：

灯火依依暮天凉，轻车未知向何方。百里长街形迹隐，万人如海一身藏。从今风雨无戚戚，过后生死两茫茫。立马高坡极目

望，千峰割云碧水长。

一百六十三、昌平湿地公园

青天如水，苍山如黛。漫坡遍野，桃花盛开。坐于水畔，忽忆唐崔护《题都城南庄》诗：去年今日此门中，人面桃花相映红。人面不知何处去，桃花依旧笑春风。

真千古绝唱，戏作八首以和：

其一：去年今日此门中，人面桃花相映红。桃花如何比人面，回眸一笑百媚生。

其二：去年今日此门中，桃花十里度春风。蜂鸣蝶舞瓜架下，为谁立尽暮天钟。

其三：今日再过此门中，枯藤老树荒草生。桃花渡口竹叶窑，人面何处觅归踪。

其四：年复一年此门中，犬吠柴扉春水红。一曲笙箫惊午梦，白头宫女说玄宗。

其五：去年今日此门中，人面桃花乱春风。春意深深深几许，伯劳燕子各西东。

其六：去年今日此门中，少女桃花相映红。身无彩凤双飞翼，但有灵犀一点通。

其七：今日再行此门中，已历卅年数霜星。悲欢相遣成人世，难与庄叟论齐同。

其八：夭夭桃花过无踪，岁岁人面换新声。从来相思最遗恨，一诗铸成万古情。

一百六十四、无题

晚凉新浴后，执扇细听风。月上征人远，窗前试古筝。

一百六十五、居处

一天风露絮如雪，窗影微斜半壁月。乍暖还寒春意晚，欲明复暗阑珊夜。寒食至日炊烟杳，祭祀来时箫鼓咽。半亩废田锄野草，东家燕子西家鹊。

一百六十六、春尽

燕子双飞日影长，风吹一架紫藤香。牡丹怒放春意尽，柳絮化泥夏满堂。一盏青灯观世界，大千景物看黄粱。浮生自恨欢娱少，留得春色嗾人狂。

一百六十七、乡居

点点春云蔽日光，一间深柳读书堂。塞翁失马焉是祸，叶公好龙岂乖张。水畔荷池行处卧，松轩花圃纳新凉。彩笺数纸分鱼雁，何事风来夜敲窗。

一百六十八、偶得

溦月珠帘透，长空碧火流。十年江北客，一梦下扬州。

一百六十九、读顾炎武《昌平山水记》后

苍茫古意看昌平，一握青天云水生。帝业千年终碧草，闯王一日也龙兴。盛衰何涉桑田计，成败由来鼓曲听。灯火昏然人寂后，蛙声四面月溦明。

昌平西关立有李自成横刀跃马像。夏夜，居民们蜂拥至此乘凉。商贩们如蚊似蝇，追踪而至。一时叫卖声，沸反盈天；肉串烧烤，烟熏火燎。再加夫妻相唤声，孩子打闹声，大人呵斥声，聊天叫嚷声，恍若穿越历史时空，闯王正率将官士卒随从家眷于此安营扎寨，以向京城做最后一击。由此忆及《甲申三百年祭》，曾为领袖要求人人必读之物。当即回家检书，夜读之。

一百七十、戏和友人诗咏明末

千军万马过居庸，三桂引兵取帝京。阵前枉杀袁崇焕，沙场空死卢象升。燕北煞星看李闯，西蜀魔头数献忠。黎民只求淂残喘，管它大明与大清。

一百七十一、风罢，夜读韩文公《山石》并《贬官潮州出关作》

风静灯昏夜气高，欲登彼岸书为桥。人生多似马前水，世事何如割席刀。燕子沿廊穿绿柳，游鱼屋下着红袍。山石换取蓝关雪，一样深情系梦遥。

一百七十二、偶得

其一：种瓜浔豆亦逍遥，闲看流云暮复朝。难逐堂前千叟宴，未随人献百寿桃。柴扉虽旧仍坚固，五斗无须再折腰。诗书几橱堪自娱，三千弱水取一瓢。

其二：纷纭世事辩声高，皓首童颜皆战袍。独揽一天云共月，山前山后去观桃。

其三：借问人间何为高，百般身手谁英豪。天街夜色凉似水，往事来袭听大潮。

一百七十三、自寿

北斗巡天又几遭，螺蛳壳里计难逃。几蓑风雨沾絮柳，一枕兴亡化扶摇。夜舞鱼龙起白昼，阑珊灯火入梦遥。江山一霎八千里，水逝云飞看长消。

一百七十四、雨后

霞飞微雨尽，池下草生光。枕畔收团扇，窗风夜半凉。

一百七十五、晚归

酒罢归来晚，水边蛙噪忙。树冠持皓月，影落谁家窗。

一百七十六、游园

佛香阁下证前身，面壁非求遁此门。唱尽长安灞上柳，思为石室烂柯人。千山粉黛携云落，万里风涛共陆沉。未解镜花同水月，翩然一骑入红尘。

一百七十七、一声蝉

夜深，忽忆祖父在世时，谈起他年轻时去某地游玩，过寺庙求签问前程。卦签上云："一声蝉续一声蝉。"祖父想，行了，教一辈子书。我问为什么，祖父说，这还不明白，一声接一声叫唤，不就是教书吗？于是，祖父、父亲和我，教了三代书。占卜摇卦，殆天意乎？

一声蝉叫一声蝉，正是人间六月天。孔孟聚徒求仕宦，老庄讲论为开颜。安贫乐道人皆弃，夕死朝闻已化烟。遂将嵯峨博士帽，换回一个小官员。

一百七十八、漫忆

八千异域暮云暝，十万关河烟瘴生。春草添愁天际远，秋风思脸客心惊。霜飞化作忧乡泪，雁叫翻为肠断声。归后庭园何所系，南窗槐下亮书灯。

一百七十九、闲坐

夏蝉鸣晚树，柳密复清荫。花下闲棋子，流光暗锦茵。

一百八十、游园

阁傍飞云浦，水流碧草长。山中半日雨，窗下一夕凉。

一百八十一、晚坐

碧色懒穿堂，笛箫横暮窗。遥思王谢子，何故作疏狂。

一百八十二、不寝

如火长云生晚天，无眠炎夏忆当年。人间空许如花愿，世事争知行路艰。日月掀翻沧海水，乾坤倾倒不周山。离经叛道禅门外，弱水一瓢取三千。

一百八十三、幽草

借义山“天意怜幽草，人间重晚晴”二句以成之。

相接千水绿，引领万山青。天意怜幽草，人间重晚晴。

一百八十四、夜检旧作，戏咏老王小妹之今生今世

生计从来各有差，晚风深处话桑麻。一湾碧波房下过，半屏青山郭外斜。起看墙边蜂酿蜜，卧听窗外雨淋花。斜阳古柳闲岁月，暗逐流水到天涯。

一百八十五、故地

萋萋芳草地，历历旧游踪。昔日歌吹处，遥天落彩虹。

一百八十六、夜起远望

夜起望京华，长河天半斜。灯花十万盏，次第落人家。

一百八十七、天垂象

长空雷电骤，一霎雨全收。云上飞天狗，清光自去留。

一百八十八、拟古

曾看鸡窗金烬暗，犹怜香麝绿阑干。无情水漫千岭树，过眼云埋万簇山。且任悲欢成岁月，只将聚散作前缘。雕栏玉砌苔痕在，月上之时忆婵娟。

一百八十九、瓜州古渡

瓜洲是我非常向往的地方。原因就是描绘它的古诗词。“楼船夜雪瓜洲渡”“两三星火是瓜洲”等。前年到了扬州，去了镇江，返回扬州的路上去了瓜洲古渡。一路打探，发现这里的人都会说，“京口瓜洲一水间”。在标志着“瓜洲古渡”的公交站下了车，又听人指点，来到一条街。街不宽，脏乱差。一边是待拆和已拆的房屋，一边是手机店、美发店、洗脚店、包子铺、杂货铺等。进手机店，问：瓜洲古渡在哪儿？答：就是这儿呀。问：怎么没有可看的？反问：您想看什么呀？

出来不死心，往北又走了走。终于向东上了一座桥，向西见了一条河，河边长了一些南方的树，树下深深的草。向北望，欲雨不雨的青灰色天空下有条长长的街，两旁是灰灰白白的房子，算是有些“思古之幽情”。在夕阳里往回赶，进城时，已是“天下三分明月夜，二分无赖是扬州”。诗以记之：

残垣依断壁，乱水傍空楼。明月天涯路，瓜洲古渡头。

一百九十、闲日

借得柳丝十万条，帝京使去作妖娆。牙拍唱尽春波绿，拥衾未觉夏日高。昼入山林青草碧，夜来酒巷彩云娇。笙歌院落楼台火，太液池边一梦遥。

一百九十一、夜读

月满楼前一捧星，芳菲世界走花精。缤纷华盖唱新曲，浩荡台阁落旧英。何必青钱占远路，已将课卷作余生。诂经纂史家园梦，起看银河度五更。

一百九十二、读史

大道无形胜有形，拯危救厄竞先名。山河变幻英雄梦，龙蛇翻飞黎庶行。漫漫江边骨似雪，离离原上血犹腥。问何可致承平业，铁马金戈细柳营。

一百九十三、悼来今雨轩

悼来今雨轩是因为它真倒了，倒闭了。这座雄起于二十世纪三十年代中央公园（今中山公园）的久负盛名的大饭庄子（最先是茶座），终于结束了它的历史使命。几十年来，达官贵人文人雅士没到过此处的寥寥。来今雨轩这个名字即有很高的文化含金量。“今雨”出自“旧雨来，今雨不来”。今雨、旧雨，就是新知、旧友的意思。来今雨轩相对高级的仿红楼菜和好吃不贵面向市民的冬菜包子，都曾一时名动京城。只是千里搭长棚，没有不散的筵席。新雨旧雨倒不是不来，只是比较之下，人家换地儿去了国贸、保利、三里屯、五道口。以今视昔，正如《桃花扇》里所唱“你看他起高楼，你看他宴宾客，你看他楼塌了”。没人逃得了一江春水向东流。诗以记之：

盛宴曾经今雨轩，而今寥落寂无喧。新知旧友皆尽后，绿柳朱门生野烟。

一百九十四、夜雨

风狂夜雨急，凉意伴晨曦。取镜拭青黛，鸣琴谁可期。

一百九十五、读《虬髯客传》

三侠并辔行，世乱出豪英。张颂仰齐鲁，华冠在帝京。

一百九十六、卧游

清歌一曲楚云召，万里乘风意兴豪。白鹤峰前看虎跑，南屏山下听芭蕉。半部《论语》平天下，一卷《春秋》致舜尧。遍览群书理大道，未从弱水取一瓢。

一百九十七、《上书房行走》读后所感

江南塞北访书遥，注事沉吟灯影高。厂肆丛残寻旧本，缥缃漫卷定知交。抉微发隐细查考，去伪存真剔乱蒿。旧雨两三化鹤去，人生何梦不迢迢。

一百九十八、读杜诗

大业雄心岂可抛，谁将蝇利计分毫。几人识得鸿鹄远，一众皆云鸟雀高。碧水流出青山泪，夕阳红尽美人蕉。五更鼓角悲失路，空见星河影动摇。

一百九十九、拟古

闲点朱唇手似霜，鹅黄嫩绿柳丝长。新衣懒试抛掷久，菱镜偷窥半面妆。

二百、过广济寺

香火氤氲烟气升，菩提明镜唱偈行。礼佛叩拜非我愿，留得豪情听楚声。

二百零一、无题

未央堂下篆字香，别后光阴细细长。空令花魂虚岁月，纵然玉女岂无伤。安车出入江湖险，轻舸浮沉风雨狂。不肯人前说怅惘，披衣起伴络丝娘。

二百零二、闲行

芳草天涯春去也，江山秋雨漫重叠。缤纷花事能几日，迢递春光乱蜂蝶。黑白盘中分世界，晨昏路上看天街。游人归去市集静，什刹海边箫鼓歇。

二百零三、夏尽

一鹤冲天过九州，六合暑气黯然收。客心已盼菊花酒，厨下先尝荷叶粥。帘后红烛吴女走，窗前倩影滕王楼。罡风过尽成一笑，烟水如屏月似钩。

二百零四、居处

容膝小室久淹留，拓土之术细细筹。灯畔写字两尺地，匾额横书寸金楼。房前草色皆新绿，窗后鸣声喜啁啾。十万风烟成浩荡，岂如儿女作颦愁。

二百零五、闺中

一地芳菲红欲透，忆昔曾把青梅嗅。桃慵柳困人倦后，风暖草薰还似旧。玉馔珍馐河蟹肥，山长水阔秋光瘦。小楼吹彻洞箫寒，闲把锦衣彩线绣。

二百零六、天运

太虚皆幻境，人世总成空。春色终归去，霜风陨落英。

心底之光

心底之光

我儿童时代最先接触的是苏联文学。父亲给我买的第一本书是《青年近卫军》。自此以后，苏联卫国战争时期的作品便深深吸引了我。可以说，这些作品很小就奠定了我的人生追求和方向。那些在战争中死去的英雄们的事迹，强烈而持久地感动着我。夏秋之夜，我常来到北京展览馆（原名“苏联展览馆”）前，透过雕花栅栏，里面宫殿式的建筑峃然壮丽。由上至下水一般洒下来的灯光，将青铜色的墙体映成幽深的金黄。而在金黄里，我每每感到，反射出一派宁静庄严之光，这就是在我心底长久照耀的那片光芒。

雨

“雨”，诗歌中永恒的意象，无处不在无所不在。自然界，它“随风潜入夜，润物细无声”。在人间，它是人类各种情绪的催化剂，直接或间接地影响人们的活动。

我家住四合院，院中有一芭蕉，是祖父从其老友家移来的，高大壮硕，黄绿相间。夏秋之际，每逢雨夜，坐在窗前听雨打芭蕉，十分惬意。而听得最清晰的时候，是风声渐尽，雨声渐次细碎，此时打在芭蕉上的声音，似乎越发响亮。一阵雨后风顺窗吹来，凉意顿生，幽寒、孤寂、清冷的感觉潜入身心。李清照《声声慢·寻寻觅觅》“梧桐更兼细雨，到黄昏，点点滴滴。这次第，怎一个愁字了得”约略近之。

与芭蕉一同移来的，有一大一小两只荷花缸和六个石礅，大缸栽荷花，小缸植水莲，大缸养金鱼，小缸养泥鳅。夏日大雨过后，池水流溢，花影扶疏，院中深沉幽暗，屋内灯火明亮。人影如剪，雨声若梦，李商隐《夜雨寄北》“巴山夜雨涨秋池”大致如此。

雨，不变的同一事物，变幻出万千不同感觉，“清明时节雨纷纷，路上行人欲断魂”，是哀思亲友；“天街小雨润如酥，草色遥看近却无”，是描绘景致；“小楼一夜听春雨，深巷明朝卖杏花”，是心绪与自然的结合；“夜阑卧听风吹雨，铁马冰河入梦来”，是壮志的抒发。雨，不变；人的心，在变。雨，赋予人们抒情的媒介；人，赋予雨鲜活的生命。

在自然界的各种声音中，雨声，好像是和人们心境结合得最为紧密的一种。风雨雷，雷声固不能与雨声相比，即便风声，与人们的情感联系，从深度、广度、力度来说，似乎也比雨声差了一等。为什么？说不清。

记得二十多年前，有这样一首歌，歌曰：“雨打芭蕉的时候，我总要望一望窗口。”它那忧郁、深沉、有所期待而又终归迷茫的意境，曾深深打动了我。

时光流逝，如今，我已远离了少年情怀。到了应以波澜不惊的心对待万般红尘的时候。但不知为何，每在夏日长夜，逢到雨打芭蕉，我却还总要从窗口望一望疏阔的庭院。这是为什么？

京

灯火

看了些描写乡愁的文章，想起我当知青时第一次回京探亲。那年，我十七，在东北。当火车一路浩浩荡荡开到天津，我就没再坐下。我站在窗边，眺望夜色。忽然天空一下变了颜色，变成前所未有的深蓝，宝石般闪耀着。巨大的月亮近在眼前，清楚地看到嫦娥、桂树。星光明澈如水地照进心里。连绵起伏的树林织成如梦的大网，不尽的金黄色的灯火，像默默向我注视的眼睛，无限温暖。

当列车“咣当”一声在月台停下，心底的第一声呼叫是：

北京，我回来啦！

晴丝

春的意境很多，但有一种人们似乎不大提起：“袅晴丝吹来闲庭院，摇漾春如线。”

我家院里有株合欢树，立在用作厨房的西厢房前。每年春天来临，一种俗称“吊死鬼”的虫子，从高高的枝头拉了线垂下来，将小小的碧绿的身体垂直吊在空中，在风中荡漾。人经过时不注意，常会缠得满头满脸。这线，就是晴丝，也叫游丝。

家里请来帮忙的周姨，每日清晨到厨房去，总要先用扫帚对空中抡几下，把小虫连同它的线绕一些下来。她常常一边抡扫帚，一边喃喃道：“真讨厌！真讨厌！”

正午时分，偌大的院子里一片沉寂。我不午睡，坐在南廊下。天蓝如海，白云灿烂，绿树生辉。阳光晒得人身上暖洋洋，松软软，似乎不准人不睡。正欲蒙眬合眼，忽然眼前一阵阵光亮，凝神望去，原来是树上的小虫子们又拉出无数的线，丝一般又细又亮又长，正随着春风飘荡。

我望着，忽然悟到，在这既静且闲的古老庭园中，正是这无数游丝在春风中的荡漾飘舞，为春平添了一种慵懒娇柔、闲适而又怡然的情调，才使《牡丹亭》里的杜丽娘在闲步庭院时，唱出了“袅晴丝吹来闲庭院，摇漾春如线”。

苏东坡的名句：

惟江上之清风，与山间之明月，耳得之而为声，目遇之而成色，取之无禁，用之不竭，是造物者无尽藏也。

晴丝，藏于春色中的晴丝，亦如是。

古槐

我家南窗下，有一株古槐，枝干虬曲，根深叶茂。据说已经在这儿立了几个世纪，像历史风云的见证人，又像古老家园的守望者。

春日，初生的叶，在阳光下泛起一片明媚的新绿；夏日，白色的花，在落照中雨一般悠悠飘洒；秋阳下，冬夜里，它或以萧萧的落叶，或以盘空的枝丫，曾带给少年时的我无数美丽梦想。

父亲生前，常放一张外国老唱片，歌名叫“菩提树”。歌词大意是有个四海为家的流浪汉，常在梦中回到他的家乡。他的家乡有一株菩提树，曾伴他游戏成长。而今，他听到菩提树在远方向他呼唤，回来吧，你这浪迹天涯的游子。我在风中的低声细语，会使你疲倦的身心得到安息。

歌声低沉、忧郁，令人蒙眬睡去。父亲是当催眠曲放给我和妹妹听的，确实很有效力。但他不知道的是，夏夜，我有时起夜后，并不马上回到床上接着睡，却来到院子里，坐在槐树下的小板凳上抬头仰望，只见星月之辉流水般从槐树枝头倾泻下来，在地上摇出梦一般的影。月色洒不到的叶底，则呈现出一片颇显神秘的朦朦胧胧的黑暗。夜风中，槐叶絮语不停，仿佛是从幽兰的苍穹上传来的歌声，这歌声遥远、低沉略带忧伤，宛如我睡前听到的“菩提树”。

后来，“文化大革命”爆发，在“深挖洞，广积粮”的喧嚣中，槐树被砍倒当了修防空洞的垫脚料。再后来，我也离开了老家，住进了高楼，晴窗展望，唯有蓝天浩渺，白云悠悠。

荷池

约三十年前，祖父的友人送了两个荷花缸，一只极大，一只略小，都是用整块大青石挖凿而成，缸沿雕有山水花卉，很是精致。祖父的另一位友人送了六个专门架花缸的实心石礅，从此，娇艳的荷花便成了夏日庭院中一道明丽的风景。

正午时分，酷烈的阳光下，荷花呈现出一种慵懒的娇柔之态，似惺忪欲睡的美女，令人心怡。薄暮来临，它在斜阳中迎风摇曳，意态优雅且从容，像风神动人的才子。入夜，星光朦胧，月色从花尖叶端流过，它又显得安然恬静，像做着美梦的稚童。

不过，我更喜爱荷花的自尊与凝重。非淤泥浊水，它不能生长。而直立的花茎，高扬的花苞，绽放出纤尘不染的花瓣。尤其是那层层花瓣所簇拥的花蕊，更是洁净得近乎透明，使你不敢触摸，使你反躬自省。

即便当秋风萧萧，水面上满是败荷残叶一片凄凉时，却仍让我感到一种“一池残荷战秋声”的诗境。花瓣虽在飘散，仍有一片、两片立于风中；花茎虽在摇摆，仍在奋力抗争。所以每当我望到秋日风中最后的一叶花瓣，最后一株花茎，便仿佛听到“夏日里最后一朵玫瑰”的歌声，心境就格外柔和而感动。

蕉窗

我家北窗前，曾植过一株芭蕉。

那是祖父从他一位祖辈曾做过清朝大学士的老朋友家移来的。它的生命力很强，黄绿色的树身，深绿色长而阔的叶片，在北方的四合院中平添出一番南国情调。

夏夜，雨，沙沙沙，打在蕉叶上，轻柔而缠绵。那声音特别具有令人冥思遐想的诱惑，使人产生一种说不出的朦朦胧胧而非常适意的心境。透过碧绿的窗纱，隐隐送进夹着雨水、树叶、花草气息的轻风，令人透体生凉。难怪古人说，黄芭蕉，碧纱橱，守着黑，听着雨，这次第怎一个愁字了得。但我感觉，其间的愁，是一种诗意的缅想：因为人之生也，与忧俱生。生，即死之始。但这愁，是闲愁，才与江山草木光风霁月相连，因此也就成了诗。而诗，是感情的宣泄，宣泄后人就会获得快慰。因而闲愁也就成了闲情。闲情，为人在百般不如意中觅得一份快乐，所以蕉窗夜雨才成为富有诗意的缅想。这缅想对我来说，几乎每次都是一个已逝的遥远而飘忽的梦。由于脱离了白昼时理性对人的抑制，梦里充满了深远的自由。

“文化大革命”前夕，芭蕉树忽然生下两个儿女，然后她自己死了，死前结了个大芭蕉果，不能吃，放在客厅里当摆设，摆了很长时间。“文化大革命”爆发后，家人首当其冲，无暇顾及小芭蕉，于是两棵中先冻死了一棵，另一棵被我的一个同学移去，因不会养，不多时，也死了。

太平岁月来临后，有一支歌，我特别爱听，歌曰：“雨打芭蕉的时候，我总要望一望窗口……”

春意

看宋人宋祁“红杏枝头春意闹”句，回想初春杏花怒放的情景，感情不是“春意闹”，而是“春意乱”。不过春意也不会乱。春意既不会闹，也不会乱，而是人心里在闹、在乱。春回大地，万物更生，缭乱春光，缭乱人心。所以由春组成的词就多情感深沉浓烈。如春情、春意、春宵、春梦、怀春、思春等。男欢女爱青春年少，在春天来得似乎比其他时候都更强烈。拿大学生来说，外面桃红柳绿莺啼燕叫，你把自己关在图书馆也看不下几行书，不如去郊野踏青，天人合一。但是古人在赞美春天的同时又伤春惜春。春风一度，花开即花落。所以《西厢记》里的莺莺一上场就唱，“花落水流红，闲愁万种，无语怨东风”。虽是古代佳人自叹红颜薄命不得自主嫁娶，但即便是今天，虽有了自主权，但能否遇到心上人，也是难事。春来急急，春走匆匆，韶光转瞬即逝，年华老大，只好有一个对付了。所以春既让人沉醉，又让人焦虑。想起过去，男女可连这点儿恋爱权也没有。“文化大革命”末期有工人纠察队满街巡逻，把过了十点仍在大街小巷里“月上柳梢头，人约黄昏后”有拥抱行为的恋人当流氓抓起来，审问后通知单位领回去。那时，最高指示是“深挖洞，广积粮”，人们不敢不响应，于是全国人民过起了仓鼠式生活。因此，今天人们的恋爱享有权、拥抱获得权、亲吻自主权是来之不易的，也由此更加珍惜今天的幸福生活。

少年

每当我去阳台看我的小花小草，看到它们在正午的阳光下热烈地闪光，在温暖和静谧中熟睡的模样，就会情不自禁想起我少年时那些慵懒而倦怠的日子。那些被安全环抱且不用担心柴米油盐以及未来前程的美好时光。回忆那时让人亲切的话语并不仅仅是“你妈叫你吃饭！”还有“你怎么还不睡觉！”以及在你幼年睡觉时，长辈们总爱把你放在他们中间的感觉。

所以，我很理解，当这一切在人生的某个时段一下消失，你突然发现自己孤立无援地面向四周时，瞬间袭来的种种感受。心灵的长大需要风雨，而已远行的亲人却总怕淋湿我们。

夏日

夏日，我常有少年时一身慵懒走在街上大树绿荫里的感觉。同行的几个伙伴，青涩未熟，充满好奇和憧憬，为一两个不值得争的问题争得不可开交，为一两件不值得笑的事情乐得前仰后合，为牛皮吹得太大被人戳破而恼羞成怒。我多时只是静静地走着，默默地听着，在蝉鸣不止的幽静中，想着自己的心思，感受着与伙伴们不同的感受。而今，却只能在深夜中倾听来自远去岁月的回响。

雨中

刚才，下雨了。没有雷鸣电闪，没有倾盆瓢泼，而是细雨纷飞，暮色如烟。不知为什么，我就喜欢活在这种天气和光线里。这时，我往往又回到少年，走在寂静又湿漉漉的街上，享受着被晚风吹出凉意的清爽，嗅着被雨水打湿的树叶的芬芳。一边向家走去，一边想着干燥的衣服、热气腾腾的食物和家人终于放下心的埋怨。每逢这时，便会不由自主加快脚步，幻觉里，远方已出现眼睛一般亲切的灯火闪出的金黄。

灯光

俄罗斯的名曲《灯光》，几十年来，百听不厌。漫漫岁月中，一曲《灯光》，伴随着春雨的缠绵悱恻，夏雨的酣畅淋漓，秋雨的凄清萧瑟，冬雨的厚重深沉，下起了我们的心雨。或明朗，或清爽，或不忘初心，或变了模样。雨中的灯，灯中的雨，人生的路好长，希望也好长。

青春

昨天晚上，回家的地铁里，望着四周拥来挤去的无数年轻面孔，我在想，青春是什么？答案是：青春是轮回。是肉体从小到老，精神从老到小的轮回。

雪落无声

我喜欢雪，尤其是雪夜。第一是静，第二是白。纷纷扬扬，铺天盖地，却没有一丝一毫的声息。这又让我想起樱花。白而小巧，素雅安娴，生于一瞬，死于一霎。静静来悄悄去，不以物喜，不以己悲。恬淡从容，终此一生。日人喻为“飘雪”，良有以也。

京

旧梦

记得读某位老作家的文章，他回忆自己少年时，某日进书店，见一少女正购书。少女非常典雅动人，吸引了他的注意。他悄悄上前，见这少女买的书是屠格涅夫著的《春潮》，于是待少女走后，说不清心里是何种想法，便也上前购了一册，珍重收藏。此事忽忽已数十载，作家却并未忘怀。后偶向一著名文学家讨教，文学家一语解惑："这就是弗洛伊德学说！"

我以为，婚姻是行动，爱情是梦想，这是两种根本不可能统一的事物。当两情相悦时，彼此可能都以为对方是自己的梦想，而时光流逝后，才发现这只是行为，只能是行为。为什么呢？因为梦想总要超越人们的现实。当你实现这一梦想的同时，这梦想实际上也转化为一种行动、一种物质、一种实在，于是又有新的梦想去诱惑你。而人们往往不能，特别是在情感上不能区分旧梦想的结束和新梦想的开始，于是误以为自己从来没实现自己的梦想。由此及己，我也有过许多梦想，甚至至今还引导我做出某些异乎寻常的举动。

即便现在，每当我在商店的文化用品柜台前看到装潢精美的日记本，仍有一种强烈的购买欲，但我并不是为了收藏。为的是寻找一份在童年时没有得到或感受到的友情。

记得上小学时，逢年过节或同学间有什么事，送个日记本挺成风气。我买过不少也送给不少同学，但从没有别人送我。每当我看到别人拿着同学送的日记本，读着上面那些亲切的话，一种又羡慕又忌妒的心情便油然而生。上中学上大学也是同样。所不同的是，上大学后我喜欢上了活页夹子，但依然没人送我。以至有一天我来到西单路南把口儿的那个文具店，对店员说："您把这些活页夹子从大到小每样给拿一个。"一口气买了十多个活页夹子，前两年，我又一股脑儿地送给了正念初中的侄女。也许由于自己也感受到这种自己送自己的方式没什么意义，多年前不禁向一位好友吐了心曲，谁知他听完后，只淡淡地说："人家觉得你不需要。"听了，我心里简直是勃然大怒。当然，没有发作。他的意思我明白，是说你家境好，想买自己买一个完了，别人以为你不需要送。可我分明告诉他，我不是要笔记本，我想要上面的那些祝福，哪怕是千篇一律的。

当然，我至今还存着几个自己送自己的笔记本，与此相似，还有些别的东西，寄托着我儿时的梦想。一件是装高露洁牙膏的纸盒，孩子把它丢进垃圾袋我又捡了回来，只因那上面有许多银色的小星星作为装饰，能够在暮色中闪起微光，令我回忆起小时候躺在自己的小床上，凝望远方的星光而产生的幻想。另一件是个万紫千红牌的擦脸油的盒。这仿佛是个老掉牙的牌子，大概早被人们抛弃了数十年，日前我也是在一摊贩云集的小市场上见到它躺在角落里，以极便宜的价格买回来。因为我看到它就会想起几十年前当它红得发紫时，我也曾用它擦脸，而盒盖上那红、黄、蓝、绿、紫、粉的花朵和枝叶，最初让我感到五彩缤纷的美，朦朦胧胧地让我觉得有一种对美的向往。还有两片蛤蜊，那里面原先装的是蛤蜊油，二十世纪六十年代人们用它来擦手。我童年时，望到它就会想到大海，想到浩瀚大海的深处，想到它会不会夹我的手，想到那里面会不会有珍珠。

其实，所有人都在不断地收藏记忆，把它封存在头脑中或物品上。我买笔记本、擦脸油、蛤蜊壳都是重温儿时的梦想。笔记本，是对友爱和真情的梦想；牙膏盒，是对黑夜和星光的梦想；蛤蜊壳，是对神秘和奇异的幻想；油膏盒，是对爱和美的幻想。甚至，这些微不足道的东西对我的成长也曾有影响。当我未能从笔记本上感受友爱后，每当我想到雨果的名句：比大地更辽阔的是海洋，比海洋更辽阔的是天空，比天空更辽阔的是人类的心灵，我便愿意再加一句，比人类心灵更辽阔的是真情。而每当我的目光望到那蛤蜊壳时，有时心里会突如其来想到海涅的诗句：我的心，像大海，有风暴，潮涨潮退；也有些美丽的珍珠，在它的深处隐藏。在这飘忽的意念转换之间，我通常会感到一种深埋于心的幸福。

当思潮回到今天，我有时想，假如现在我还能见到那位当初曾让我倾吐心声而后又碰一鼻子灰的朋友，我再不会发怒了。因为，人家是智者。在那离如今的市场经济还很遥远的时候，他已经明智地用需要而不是情感来衡量人与人的交往，已经能够把有形的物质与无形的精神等量齐观。

心影

这是一个时远时近的人影。它早已淡出了我的现实生活，像远去的帆；它又隐约于我的记忆深处，像停泊的岸。但不管近或远，它总在我心里，所以，称作心影。

这心影在三十多年前是个具体而实在的少女，她住在我家北边不远的另一条胡同里。我们相识于“文化大革命”最轰轰烈烈的一九六七年。那年，她正念高一，而我正念小学六年级。

她在我们那一片儿的孩子当中算是出名的，这是因为她考上的中学是赫赫有名的北大附中。我们这一带住的多是市井细民，父母文化不高，孩子们功课好的也少。像她这样考上名牌中学，自然鹤立鸡群，她也因此显得有些孤傲和清高。

我的一位表姐和她是朋友，我随表姐去她家时认识了她。那时，她十六，我十二，她很自然地把我看作弟弟。我家在当地比较有名，一是因为住的年头长，二是因为世代教书，有些文化。我性格内向，有礼貌，爱看书，不爱闹，第一次去她家就向她借了好几本苏联卫国战争时期的小说。一星期后，又准时来还，所以，她很喜欢我。

她家独居一小院。小院中有三间不大的北房和两间厢房。院中南墙根儿下，有棵大槐树，北房前，有棵歪脖子枣树。厢房前，搭着个小小葡萄架。院里总收拾得干净整洁，但我很少见她干活儿，而是由她那几乎很少说话的母亲来做。

我从没见过她的父亲，后来听说她父亲一九四九年随国民党逃到台湾去了。她的母亲长得很清秀，适中的身材，白净的肤色，头发乌黑且梳理得整整齐齐。但一双又大又黑的眼睛里总充满惊恐和忧愁的神色，经常听见门响全身就会哆嗦起来。每逢这时，做女儿的她好像就成了母亲的主心骨，她永远显得冷静而从容，一副以不变应万变的阵势。万幸，她家一直还平安，尽管也遇到些小小骚扰，却都被她三言两语挡了回去。

那时学校不上课，搞运动，她不参加，天天在家闲着，我常去。在我面前，她脸上总漾出柔柔的笑意，慢声细语地与我闲聊。她有许多书，其中以苏联的古典名作与第二次世界大战时期的小说为多，每次我都借走好几本。有时看完书，和她谈感想，说到得意忘形的地方，她总莞尔一笑，用手轻轻点一下我的额头，说一句："真是个小书呆子！"她非常喜欢唱二十世纪五十年代的抒情歌曲，常常一边解开了长长的辫子重新编，一边教我唱。她也同样喜欢苏联卫国战争时期的歌曲，那种沉重而深远的曲调，使我们感到生活的博大和广阔。尤其是歌曲中那充满俄罗斯民族特性的忧伤，更使人深深感动。她教会我《小路》《灯光》《喀秋莎》《山楂树》等，若干年后，在遥远的黑龙江荒原上我又教会了与我同连队的知青们。她唱歌时，声音不高，但柔和、圆润，富有感情，常常让我和她同唱一支她教过我的歌。有一次，我们一齐唱《我爱祖国的蓝天》，她唱了一遍后停下来，我又连着独自唱了两遍还意犹未尽，她望着我，静静一笑，十分理解地说："这首歌好像特别能抒发对祖国的热爱！"

一个秋日的晚间，我去她家，她让我吃饭，我告诉她吃过了。又告诉她刚才同学来通知，今晚伟大领袖又发出了最新指示，学校组织大家夜里去天安门游行。她说，那你还得吃点儿东西。待会儿走时我给你做碗面条儿，面条儿暖身子。然后我们闲聊，聊书，聊附近胡同里的大小孩子，聊她那个年龄的人的所见所闻。聊得兴起，她从床下拉出一个旧皮箱，从里面拿出一个红彤彤的笔记本，端详了一下，对我说："这是我的一个同学写的诗，你看看怎么样。"我看了一遍，是旧体诗的格式，填进去革命造反派的豪言壮语，用现在的眼光看，一派胡言。然后她告诉我，这是她在南方串联时一个干部子弟送给她的，并很详细地讲了他们如何相识怎样告别的全过程。还不自觉地再三重复："他真有才！"她所说的才并不全指作诗，而是说那人还是当地一个很大的红卫兵组织的头目。我一边听一边强忍着心里的不耐烦和反感，不为别的，只为这人是个男的，而她说到他时，又总显得念念不忘。

快到我离开时，她去做了面，逼着我吃了两碗。随后，她用手捏了一下我的上衣，我那天为防夜里冷，穿了件父亲穿小的呢子制服。她说："够厚。呢子挡风。"又望望我的头，说："夜里风大，我给你找个帽子。"接着不顾我反对，翻箱倒柜，找出一顶她弟弟的帽子，戴在我头上，端详了一下，说："挺合适的。"我到她家穿衣镜前望望，好难看，忙扔了，死活不戴。她先是劝，后来见没用，像个大姐姐似的温柔一笑，也就作罢了。

她对自己的衣着是比较在意的。我的记忆，那时虽然没有什么好衣服也不准穿色彩艳丽的花衣服，但她即便与大家同穿那几种有数的单色调衣服，也自有一种与众不同的优雅。也许这是因为她的衣服都十分合体，也许是因为总那么整洁，也许因为衣服上总有那么一种淡淡的衣箱味儿，加上她黑黑的头发，白净的脸庞，一双眼睛又大又亮，就是显得与周围的人不一样。而我也确曾听人背后议论她，说她傲气，不随和。

转眼到了一九六八年，她要去山西插队了。我们都喜欢音乐，我家里正好有许多外国古典音乐唱片，全是名曲，我邀她来听。但因为她走之前事太多，一直未能顾上，但她答应我一定要来。果然，一天下午，她和她母亲两人一块儿来了。她们先在外院我表姐家坐了一会儿，然后她母亲留下说话，她随我来到里院我父母住的房间。

在那灾祸随时自天而降的年代，为防患未然，我拉上了窗帘。窗帘的图纹相当雅致，粉红的花，墨绿的叶，飘浮在秋空般高朗纯净的一片淡蓝中。玻璃窗上方的纱窗，透出窗前那株大槐树婆娑的树影。我打开唱机，放上唱片，房间里迅即回响起《小夜曲》。我坐在一只藤沙发里，她坐在一张大沙发里，凝神谛听。房中的西式镂雕着各种花纹的大床，同样式的床头柜以及那上面的西洋座钟，在幽暗中闪着微光，似乎随着那令人忧伤的乐曲，带我们飞向另一个遥远的世界。

几支曲子过后，她如梦初醒地站起身，环顾了一下四周，说：“你们家，真好！”说着，她向我这边走了几步，停在我面前。这时，我忽然望见她脸上泛起了红晕，平常总挂在嘴边的微笑却消失了，我心里不禁有些害怕。那天她穿了件我以前从未见她穿过的红上衣，里面一件雪白的圆领衫露出一围丰满的脖颈。她望着我，静静地，我却觉得她的红衣服像火在燃烧。在这一刹那，这一瞬间，她的眼睛变得异常明亮，亮得令我恐慌，不知所措，手脚不知如何摆放。我不知将要发生什么，却觉得一定会发生什么，但什么都没有发生。她只是用那异常明亮的眼睛静静地盯了我一会儿，然后又如平日般温柔地笑了。过了些时，她母亲来找她，她们一块儿走了。

两三个星期后，我到车站为她送行。车站上，来给她以及与她同去的知青们送行的人很多，几乎都是她的同龄人，我在一旁看着。她和一个女同学的告别给我印象很深，她们互相搂抱了一会儿，然后在对方的额头上亲了一下，仿佛是一种祝福。那女孩儿似与她感情极深，火车开动时，眼里满含泪水。而她与我的告别，则是相当平静的，非常公式化，使我的想象落了空，让我茫然而失望。

一年之后，我也踏上了北去的列车，来到遥远黑龙江的广袤原野中。我还记得，当收工回来，我坐在汽油桶改造的炉子前，一边用通条拨拉炉子里的木柈子，一边听横躺竖卧在铺上的伙伴们哼唱着《山楂树》，就会想起我与她相处过的那些时光。窗外，山抹微云，天连衰草，玫瑰紫的霞光里深深嵌进远方晚归的牛车，像黑色的剪影，缓缓行进在天边。每逢这时，我总愁绪倍增，不知自己失去的究竟是什么。

从那以后，我们再也没见过面，我也再没听说过她的任何消息。开始是客观环境的阻挡，但随着岁月的加深，主观因素渐渐成了我不再想打探她行踪的主要原因。既然“年年岁岁花相似，岁岁年年人不同”，那么，我宁愿让她就这样定格在我的内心深处。

我上大学时，班上有一位女同学思想很前卫，也很敢说。但那时可供前卫们表现深刻与时髦的话题并不多，也无非是从潘晓那“客观为别人，主观为自己”开始，而加缪、而卡夫卡，而萨特而性解放。一旦进入性解放的领域，一般女同学们便闭嘴了，起码不再与男同学们交换意见。唯有她，并不忌讳，且每每有惊世之高见。起先有不少同学听，但逐渐减少，再后女同学们全部撤走，只剩了几个男生。最后传言她还说什么“男女在一起该过性生活就应该打破陈规地过”之类的话，于是最后几个男生也被吓跑了。慢慢地，随着性解放的由热变冷，她也变得形单影只，不知怎么，许多人视她为异类，怕和她接近，似乎一接近她，便要惹上那个“性”字。

单单这个时候，被同学们视为出身于“书香门第”且又迷恋于传统文化的我，主动上前与她没话找话。我的动机很简单，就是看不惯她被大家冷淡。想当初，性解放刚一进入同学们的话题时，由于她敢发议论，许多人也拼命捧她恭维她，让她头发晕。现在热劲一过，又马上掉头而去，太伤人了。况且她不过是说说而已，有什么怕沾包似的躲洪水猛兽般地躲着人家。

我的大学离玉渊潭公园很近。有天晚上，我散步到正门外，忽远远见她气喘吁吁地走过来。近前一看，头发有点儿乱，额头上蒙着汗，脸红红的，眼神也迷迷茫茫。我忙问她怎么了，她先向四处瞧瞧，然后不好意思地笑了笑，让我到一边，讲了发生的事。

原来，她刚才一个人去玉渊潭了。她说，月色下的玉渊潭到处都那么美。她随意地走上一座小山坡，向远方眺望。突然，她感到极度的孤独，可心里有许多话，非常想现在就倾诉，想随便拉住个什么人诉说一番，偏偏四下寂无人声。就在这个当口儿，她猛地发现旁边幽暗的小树林里闪出一个人影，直朝她过来。她恐怖极了，撒腿就跑，一溜烟儿逃出公园，现在心口还怦怦乱跳呢！

听完，我说，你整个儿一叶公好龙！她笑了，又问我，你怎么不笑呢？你不觉得我可笑？我说，我是不觉得你可笑，因为我自己也曾在那山坡上经历过类似的事。

那是去年的冬日，一个寒冷的夜晚，我在从学校穿行玉渊潭回家的路上，经过这片荒凉的山坡时，忽然一阵心血来潮，随即停下车，朝夜色苍茫的山岗上走去。

我非常想看看夜色下的山岗、田野和远方，因为白天这里人太多，太喧闹，光线也太强。除此之外，深藏于心的理由是还想体验一下我在少年时读到的第一本爱情小说，屠格涅夫的《初恋》中那位曾令我朝思暮想的女主人公所描绘的爱的情景："我们一齐凝视闪烁的星空，在树叶的呼啸声中隐迹，沉入深深的黑暗里。这时，将没有任何一种力量能够阻止我对你的……”

这时，忽然一束手电筒的强光打在我脸上，紧接着耳边传来一阵杂沓的脚步声，有人一声怒吼：“干什么的？站住！”当手电筒的光从我脸上移开后，我才看清眼前站着十几个穿警服和不穿警服的人，我的心随即落了地。“路过，上来看看。”我轻松地答道，“上来看看？”一个青年警察狐疑地盯着我，又朝四周看了看，“你看什么？”“看风景呗。”停了停，我有点儿不好意思地回答。“看风景？”另一个警察接话道，“这大冬天，深更半夜的土坡子上有什么好看的？”我哑口无言了。说什么呢？说我想体会一下一本爱情书里所描写的情景？那他们不把我带进疯人院里才怪。与其让他们把我当成精神病，我宁愿他们把我当成正常人带进派出所。他们看着我，互相咬着耳朵商量了几句，随后有人又问：“你从哪儿来？住什么地方？”我告诉他我住宣武门外，从学校来。我话没说完，有个人便嚷起来：“你这是瞎说！宣武门外离这儿这么远，你会骑车到这儿看风景？”我也急了，说：“我是从学校回家从这儿过。”说着用手一指，“那边儿就是我们学校。”正这时，旁边有个一直盯着我看而没说话的老警察拦住了还想发问的人，对我说：“小伙子，你走吧。记住以后千万别一个人晚上到这儿来，不安全。”见他一发话，旁边的警察们沉默了一下，便也纷纷说：“以后别晚上来，这一带老出事儿。”“你一个人走夜道儿本来就不安全，别东瞧西看的。”我下坡骑上车后，他们还站在山坡上望着我，冲我喊：“快回家，别下车啊！”大概就是从此开始，我对警察总抱有好感。

今天，正是二十年后。此刻，我正带着我那上小学三年级的孩子，站在这绿色葱茏的小山上眺望。

我能够看到什么？我希望看到什么？

我的目光穿过眼前青翠的柏枝，望到了当年班上的那位女生。后来，她从口头上的性解放变成了实质上的性压抑。她转向宗教，大学毕业前夕，我陪她到一位我认识的时任世界宗教研究所领导的学者那里借书。在汽车站分手的时候，我们互相凝视，看着对方的眼睛，我知道她想让我说什么话，但我没有说出她想让我说出的话，我们就这样分别了。其时，西天晚霞如火。我仿佛看到有奇异的光彩在她眼睛深处闪耀。

夕阳这般温婉，水面上的光一点儿也不刺眼，且一点一点地黯淡下去。风有些大，波光闪烁，水鱼鳞般一波一波起伏着，被风吹着，向西倒着流。湖边，垂柳漂浮如梦。而在东方的天幕上，已淡出了月轮，并伴着几条长长的云，它们像纱一般舒卷，又像雨一般迷蒙。

我常常感到，在山水自然之中，凝聚着一种永恒的美；而这美的深处，则凝聚着一种永恒的悲哀。而感到这种悲哀，才会感觉到美的力量无所不在。

冥想中，晚霞已渐渐浸润整个天空，金、橙、紫、绛、蓝、红、黄纵横交叠，如山似海，重重压向长空，似要直落大地，而黄昏时的大地则一片凄迷。湖上生起的晚风，吹起阵阵寒意，眼前的一切渐入朦胧，而往事旧人此刻却无比清晰地从这烟云中走出，就像昨天，就像昨日再现。

子夜

前日夜晚睡不着，大约挨到了子夜时分，干脆起来到客厅里，在黑暗中静静坐着，这对我也早已是一种习以为常的享受。

客厅的窗上、墙上，摇曳着许多图像。细细望去，原来是月影带着树影、花影一齐在那上面徘徊。屋中这里明，那里暗，忽明忽暗，门上、地上、沙发上、桌子上，到处都是一片暗，一片明。而所有的物品，在夜色里，在这明暗变幻中，忽然都变了一个样！白天，它们看去那么普通，那么实用，而此时，在夜光中，却显得那么神秘，那么奇妙，那么富有诗意。每一件白天你绝不经意的小东西，此刻仿佛都有了生命，仿佛都在悄悄地活动起来，在向你聚拢，要向你诉说。以至使你想到，白天它们那无生命的状态是不是你的错觉？或是它们制造的假象？有时，你又会问自己，你是否在境由心造中造出了它们或反过来造出了你自己？但我常常抛开这一切不再多想，只因这时我感到了快乐，那缀满群星的午夜苍穹下一人独自沉思默想的快乐，那沐浴在星光缭乱的月色之中的满足。

这种快乐的终极感受就是不快乐。某位哲人说，人有精神，有意识，这是痛苦的根源。可反过来说，人无精神，无意识，难道就有了欢乐？人最深沉的欢乐是在梦里。在梦里，人们却是用清醒的眼睛看着周围。而面向现实，人们又在用不清醒的眼睛追寻着梦境。所以梦如人生，人生如梦，蝴蝶是我，我是蝴蝶，是耶？非耶？悟不出来，则以酒醉。酒里乾坤大，壶中日月长，人生愿醉不愿醒，醒后但愿不是梦，而还就是梦。于是，人，周而复始地落入了百思不得其解的不快乐。

但也正因为有了这种“生年不满百，常怀千岁忧”的悲哀，人类才拥有了那么多鸿篇巨制，警句格言。也正由于这种悲哀，无论经历几千年，也永远不会有破解，所以到今天它仍在启迪我们的思想，使我们试图“离人生的深处更近一些”。也正因为古今中外有那么多诗词歌赋艺术文学在触摸、感受、体验这种悲哀，才使我们的生活变得丰富多彩，才使我们从成熟走向坚定，以坦荡的心胸面向未来。所以，这种悲哀给人带来的，又是深深的快感。

而得到这种快感的最佳时间，莫过于黑夜。

有人说，黎明前的黑暗是最黑暗的，而我偏偏最喜欢的就是这段黑暗，原因就是它最黑、最暗，隐藏了白天你所不愿见到的许多事物，暂时逃离了四周的喧嚣和浮躁，使你的心灵得以飞翔在暗夜的天空中，俯瞰你平时平视所不能见到的东西，以决定亲近或是远离。

当然，我也知道，在这暗夜中，也有人正数着张张钞票，清点着珠宝。于今，追求精神的人用笔杆子讥笑追求物质的人，而拥有物质的人则不声不响地用金钱敲打着精神胜利者的脑袋。其实，人生各有活法，生命各有所求，因此，眼睛不必紧盯着别人讥嘲教训，好像整天为别人而活。人生苦短，当我做事的时候，总感到身后有一种不可抗拒的力量在追赶我，想抓住我。实际上，很多人都是在这种逃亡般的恐惧中拼命工作，拼命享受，以求不到世间白走。

那么，如何算不白走？

如果抛去功名事业，世间似乎只有几样有限的欢乐。如果以死生之道来衡量，物欲所能带来的满足更是少而又少。若一味在精神世界里转磨，我又怕迷失了人的本性。而浸泡在乐也融融的世俗生活里，却又心有不甘。正像现在每天都在为生存和欲望做那些极现实的事，而心却渴望着解脱，呼吸向往着自由。

自由到何处？回答似乎只有一个，到自然中。人类来于土归于土，大地才是它真正的归宿。山水是人类的物质家园，天空是人类的梦幻之路，四时美景是人类的精神寄托，天道循环是人类永不可破而意趣无穷的网罗。相生相灭激起人们对万物一探究竟的雄心，弱肉强食启发人们规范社会扶贫济弱。辽阔的天空展开辽阔的想象，遥远的白云带过遥远的梦想。每当这时，过去生命里的美好顿时从心里滔滔而过……

白杨

黄昏时的天空，如果细细望去，大致可以分出远近两层。离地面近些的，幽暗迷离；离地面远些的，清纯明亮。幽暗迷离，给人以如梦似幻的静态；清纯明亮，又给人行云流水般的动感。每逢这时，如梦的未来和如歌的往事便反复交替出现在我心中，我便会不自禁地走到那八棵大树所在的地方。

那八棵大树坐落在校园里将要拆除的最后一排平房前，是普普通通的钻天杨。然而，每当夜晚，我从这里走过，总要向它们望望。夜色凄迷中，树干是这般挺拔，枝叶是那般浓密，它们面向明月，背倚星空，自有一种梦幻般的境界，而黑沉沉密匝匝的树影，又给人沉重而深远的感觉。树后的平房，影影绰绰。三三五五的灯火，若有若无的语声，模模糊糊的人影，使我仿佛重又回到了在东北当知青的时候。

连队宿舍的营房外，环绕着同样巨大的白杨。多少个冬夜，在茫茫荒原上，踏着厚厚的积雪，听着咯吱咯吱的声响，我独自向远处灯火依稀的村庄走去。不多时，便传来隐隐的狗吠声和人声。

渐走渐近，深蓝而纯净的空中突然出现一排巨大而纵横的杨树枝丫，在夜幕上勾出苍凉而深远的图画。树后的屋中，似已传来温暖的气息和低低的笑语。

然而，在夏夜，我却常常背朝村庄，向茫茫的田野尽头走去。那里诱惑我的，是满天星斗。田野无边无际，天空辽阔遥远，所以星群就仿佛离地格外近，格外亲切。它们就在田野尽头的地上闪闪发光，好像等着你走过去捡起它们。你越走越远，而天空也越升越高。星群随之飞腾，永远悬挂在你的头顶，闪着冰冷的寒光。当你来到田野的顶端，也就来到了一片白杨树林的怀抱。树身粗壮，树影苍茫，树叶在风中低声絮语，似乎在为你的徒劳，发出同情的叹息。

从那时到现在，我生命中最美好的二十多年光阴已然消逝，而我，并不悲伤。我只是感到，在人生旅途的选择上，我也像这样，常常同时走着两个相反的方向。有时，向着原野深处的满天星辰走去，越走星空越高，越走星群越远，那远望时似乎伸手可及的星斗，却随着你的不断追寻而更加高不可及，深不可测；有时，向着平原尽头的村落走去，那里有萧疏的灯火，绰约的人影和低沉的狗叫，有那种现实的、倦怠的、虽然平淡却时时感到温暖的生活。

浮云

少年时，浮云象征远方，它那似乎永远望不穿的深处，总像藏着许多秘密而令人向往。

青年时，浮云让人彷徨。有时，它显得多情、洁白、松柔、宽厚，与蓝天组成一道迷人的风景，为人间带去对幸福的渴望。有时，它又显得无情、悠然自得、飘浮不定，毫不理睬世人对它的关注。它的不可捉摸，就像年轻人时时变换的心境。

中年时，浮云令人悲伤。历史的风烟散尽，英雄的霸业收场，放目极望，唯有白云悠悠，长风浩荡。由此，才使凡夫俗子超然欲“宠辱不惊，看庭前花开花落；去留无意，望天上云卷云舒”。居然，无声无嗅无知无情的云也成了人们膜拜的偶像。

而今，浮云复归于浮云。天行有常，不为尧存，不为桀亡。于是，我常坐于宁静的蓝天下，让悠悠白云从心头飘过，拂去滚滚红尘所搅起的燥热，带我悄然消逝于广漠的无何有之乡。

黄昏

我喜欢黄昏，不喜欢朝阳，从小就如此。

童年、少年、青年接踵消失，于是我顺乎情合乎理地更加偏爱夕阳。但常常的，我也自问，我究竟从黄昏中看到、感受到什么而令自己如此痴迷?

黄昏带来静谧，静谧松弛了人的神经。喧嚣了一天的城市，奔波了一天的人们，都随着黄昏的到来而缓缓沉静下去。黄昏犹如清凉的细雨，滋润着人们因物欲而焦渴的心灵。

黄昏的光线亲切柔和。此时阳光不再像白天那样任性而变得富有人情。它的光线既美，金光灿烂；又柔，脉脉有情，仿佛特为来抚平你的心。远些年的生活剑拔弩张，斗个不止；近些年的生活奔波劳碌，忙个不停，所以我珍惜在黄昏的光影里享受到平和的心境。

黄昏带来幽暗，幽暗使人沉静。四周树木罩在地上的阴影，半明半暗的暮色，渐渐隐没的远山、尖塔、楼阁，恍惚朦胧，如幻亦如梦。

然而这些尚不足以强烈而持久地打动我。打动我的，是夕照下的天空。谁若说朝阳象征阳刚之气，夕阳表现阴柔之美，在我以为，那是大错特错了。夕阳之美与阴柔毫不搭界。只要望一望黄昏的天空，便会感到惊心动魄的力量。落日鲜艳，仿佛被热血染红。万紫千红的晚霞如利剑出鞘，直刺长空，在逐渐暗淡的天幕上闪耀起最后一波怒潮般的光明，显示着与命运搏击的抗争。尽管这抗争注定面临毁灭的命运，但也因之而深沉、雄壮，像伟大悲剧中的英雄。

我崇拜黄昏的天空，烈士暮年远胜少年豪情。

雪夜

北方的风雪之夜，寒冷刺骨而又漫长岑寂。然而一种情趣却从中产生，即围炉。假如室中坐了两三位极相知的好友，茶几上有佳酿，最好是烫得热热的花雕，有下酒的小菜，哪怕只是花生米豆腐干，守着昏昏灯火，听着风雪咆哮，浅斟慢饮，随意而谈，似乎便对人生多了一分满足，对上苍多了一分感激。

在这种时候，人们的心情不管白天如何躁动，此刻都显得如此平和。昏黑的夜，幽暗的光，使悠悠往事从人的心底升腾，众人似乎都愿意在此时向别人倾诉自己平时不想说的某些事情，这个时候的话题，回忆多于展望，沉湎多于激情，没有争论，却常有共鸣。猜想那原因，我以为是狂暴的风雪使人在潜意识上感到自己力量的渺小，因而需要寻求、集合同类以抗御外界的压力，哪怕仅仅在心理上。黑暗、风雪、严寒将人们驱赶到一起，产生了凝聚力，生发出共同的话题，以挨过这漫漫长夜。

但朋友们走后，假如天还未亮，我依然会独自守在炉边。那时我往往将灯熄灭，在黑暗与寂静中，注视着从炉盖缝隙处闪动的火光，听着从烟筒里断续传来风的吼声和炉上水壶发出的“咝咝”响，一种温暖、闲适的感觉便会袭上心头，仿佛自己已置身在最美妙的黑甜乡里。

如果夜半雪停了，风住了，而我那时也出了梦境，我常常来到房前廊下。被雪洗过的夜空更加幽蓝，有一种与夜色结合而成的神秘的蓝宝石的光。星星更加明净，越发显得高远，远得让人悲伤。空气无比清爽，茫茫白雪，那般晶莹明澈，那般厚实柔软，令人的心境格外平实、柔和。记得某诗人曾作诗，曰：“大雪啊，你掩盖了人间的多少不平。”我不这样看。人间的不平与雪何干？感谢雪是这般洁白，带给我们以洁白的梦想。假如天上下的是黑粉，我们不知是否还能有自惭形秽的反省。

我的画像

一九七三年我二十岁时，文字学家、篆刻家大康（康殷）给我画了一幅肖像画。他那时在农村劳动改造，喜欢古文字，托人找到我祖父，以后来往就多起来。一次，他说，他本是中央美院油画系毕业的。父亲就请他为我和我妹妹各画一张肖像，他满口应允。画我时，用了三个多小时，一边画一边聊。主要内容是：一、我这人好对付，半斤二锅头一斤猪头肉。二、好皇帝就是整日在宫中声色犬马，但不骚扰天下。三、外国无论首相还是公爵，画肖像时都要把脑袋伸到一个木框子里固定。你不用了，多幸福。画完之后，一笑说，我把你画成斯维尔德洛夫了（当时正热映《列宁在十月》）。

这张画，非常让我失望，太丑了！要拿它搞对象，一定是无数失败。就是放在家里，也不能让朋友们看见，知道我有这么丑的一张像。于是它在家里最角落的书堆里，尘封土盖了几十年。去年有位中央美院的朋友无意中看见了这幅画，很吃惊地问，这是谁画的？画得太好了。肖像画是最难画的。这画里人物的安静、文雅，特别是年轻人的朝气，相当有神采。我告诉他是大康画的。他说，大康还会画油画？

大康后来成为名动天下大红大紫的人物。但他最名动天下的却是“画粮票买烧饼”。社会公认，大康文物复制天下第一。他有次对我说，有人传，从什么文物里拆出一张人民日报，一查，是他干的。我就是复制文物，也不会往里放人民日报啊！他哈哈大笑。说起当年画粮票买烧饼，而被冠以“投机倒把”并因此进了班房，他说，三年困难时期，我年轻，饭量大，实在饿得熬不住了，才画了张粮票买烧饼。咱们念书人，不能偷不能抢，又饿，你说怎么办？！

先生有后福、大福，但又有多少同样有才华而无福的人在那个时代里悄无声息地陨落！

喜欢坐在湖边柳下，因为这样的感觉：柳条若即若离，从美好到忧郁；柔弱战胜刚强，生命不绝于缕。

紫藤架

暮色中，晚风里，我坐在中山公园的紫藤架下。紫藤花开，游人远去，幽静连着幽暗，将记忆浮起。潮起潮灭，花落花开。紫藤架下，有永远追逐的梦想；紫藤花下，有永远不灭的青春。

樱花和牡丹

日本人喜欢樱花，有浓重的樱花情结。这情结的特点是：樱花花期短，倏忽而开，瞬间而落，象征生命的迅疾。樱花又非常美丽，粉白娇细的花瓣中央，有几处蜻蜓点水般大小的殷红，仿佛胭脂水流过，象征绚烂而短暂的生命。樱花的花色淡雅沉静，有一种生于恬淡死于安宁、静静来悄悄去的从容。日本人由此而以为，生命的价值不在于它的长度，而在于它所能达到的高度。

过去我以为，中国的牡丹不如日本樱花那样富有哲思上的美学意义。前些日子到景山沉下心来看牡丹，跟过去的感觉却有所不同。世人看来，牡丹大富大贵争奇斗艳，带些尘俗，其实不然。硕大的花朵，艳丽的颜色，绿叶的簇拥，使它在一派雍容华贵中带着王者气象。这倒并非拿它比帝王，只是说它气势森严，有不怒而威的庄重，体现了我们深沉阔大的传统文化。

因此，日本人对樱花的喜爱有些阴郁。樱花不仅是美丽的象征也是死亡的前奏。而我们的文化则健康得多。拿花来说，女人见花儿伤情，往往唱："花落水流红，闲愁万种，无语怨东风。（《西厢记》崔莺莺）”或是：“只为你如花美眷，似水流年。（《牡丹亭》杜丽娘）”把春光和青春连在一起感慨。对文人来说，或引起对国事忧虑，如杜甫：“花近高楼伤客心，万方多难此登临。”或遗世高蹈，如陶渊明：“采菊东篱下，悠然见南山。”

也许，我们的牡丹，没有樱花那么深沉。但我更爱牡丹。因为它庄重、威严，那种不容忽视的气势，不逊万水千山。

小时，我特别向往四季温暖如春的地方。

长大后，不喜欢了，因为懂得变化才能给人带来欣喜。就拿花树来说，春发嫩芽，夏成花枝，秋结果实，冬变枝丫。年年岁岁岁岁年年的变幻，让人心中有个喜怒哀乐的循环。所以，如果没有春回大地，夏花灿烂，秋声满耳，冬雪茫茫，以及由此带给人心中的波澜，酸不溜丢地说句我最讨厌的话，还有“诗和远方”吗？

猫和小鸟

小学张老师讲了个故事让学生们谈感受，故事如下：

小鸟生病了，小猫想借此吃掉小鸟。为此，小猫戴上帽子口罩，还戴了一副大墨镜，化装成医生。但没想到，几根胡子从口罩边龇出来，被小鸟识破。小鸟飞走了，小猫没吃成。

小明说：“小猫下次一定要伪装好。”老师大怒：“小鸟识破了小猫的诡计，让它没有得逞。”

要是问我，我不知怎么回答，一定沉默。我既不愿小鸟被吃，也不愿小猫挨饿，必将陷入纠结。人生也是一样，常常陷入两难，因为两边都是自己所爱的人或物。

猫的故事

我家爱猫是有传统的，已是三代。如果算上孩子，就是四代。

猫生就一副“媚”的样子，与狗的“憨”有别。所以猫狗打架，被说成是“猫是奸臣，狗是忠臣”。也许这是中国人人人心中都想当皇上的心理吧？有个猫狗，您就了了皇上情结？

实事求是，猫不仅生有媚态，而且也会主动媚人。你坐着，它会跑过来，脑袋往你膝盖上一搁，抬眼看看你，不反对，一会儿就呼噜呼噜睡着了。半夜三更想方设法要钻你的被窝儿。它大小便的时候最有意思。家里早先有只黄猫，老在院里找土松的地方刨坑，然后一本正经地坐在上面便溺。有时看它那专注的样子又可笑又好玩儿，就“骚扰骚扰”，看它反应。它不理你，眼望前方，如老僧入定。只是尾巴尖儿在地上扫两下，表达反感吧。

我记事儿以后，养过的猫能记住名的有白子，大白子，二白子（母），小黑子（又名小坏蛋，老想方设法捉弄其他的猫），二白子（公，又名二傻子，听力差，总是最后才听到叫它吃饭）。二白子有四个子女，阿花阿白阿胖阿瘦。还有许多来了就丢的，以及断奶就送走了的和忘记名字的。养猫是我们生活中最快乐的源泉之一。它们中有脾气大的，倔强的，执拗的，狡猾的，天真的，柔弱的，奸刁的，笨拙的。但它们是猫，你是人，你强势，它弱势，所以它们都可爱。与人相比，它们在可爱上，占了很大优势。

有许多难忘的情景。比如，二白子一年春天闹猫，站在我家西厢房上隔着过道和对面南房上的公猫对唱。它的四个孩子还在幼年，以为妈妈要被欺负，于是两个强壮的阿花阿胖爬上院里的绒花树，两个弱些的爬上蜡梅，一齐大叫助威。结果二白子一会儿回头朝它们叫（别捣乱），再回头接着唱。黑黑的房顶，蓝蓝的夜空，黄黄的月亮，猫的身影，昨日不是再现，而是就在眼前。

祖父晚年和我吃饭时，家里的白猫（忘记名字）也坐在桌上。我们吃，它看着，有时忍不住，把大脑袋伸过来，打它鼻子一下，它就缩回去。但你吃完刚一起身，它就把脑袋扎到各个饭碗里，吃个干净，舔个精光。

自打搬进楼房，近三十年没养猫了。没树可爬，没院子可耍，没性生活可过，不能蹿房越脊，楼房里的猫太受罪。总是养过猫，也对得起猫，这样想想好像也可以自慰。

猫之殇

我家祖祖辈辈都养猫、爱猫。“文化大革命”前，有一黄一黑两个猫，名大黄小黑。那时我还小，能记起的只是每当祖母在厨房剁肉时，它俩老蹲在下边仰望，耐心等着祖母扔下的肉头儿。一年冬天，不知谁仰望得出了神，尾巴尖儿贴在火炉上，煳味儿都出来了，自己还不知道，让家人拿这笑话了它很久。

“文化大革命”来了，红卫兵除了抄家打人，又发出了屠猫宰狗拔花除草以纯粹无产阶级生活的命令并马上付诸实践。一天家里来了红卫兵，捉走了大黄小黑加以灭绝。回忆当年，在红司令率领下的红卫兵可以说把人性中的残忍阴狠凶暴酷虐发挥到了人类想象的极致。就拿猫来说，也并不简单打死，而是揪着尾巴往地上抡，往猫的肛门里塞爆竹，绳勒、刀捅、水淹、火烧、活埋，猫的惨叫更激起了这些兵们施虐的淫兴。我爱人当时住在一个部委大院，说起灭猫，她说，我们院里的男孩子跟疯了似的，天天干这个，我们女孩子都不敢看。像你这样文文静静的孩子，我印象里就没见过！

我有个表姐，大我四岁，时年十六。大黄小黑被灭绝后，她大哭一场，然后对我说：“咱们不能就这样算了！走，找他们去！问他们为什么不让养猫！”那时有个红卫兵指挥部就设在东琉璃厂路口，紧傍卖酸梅汤的信远斋。进去一看，就一群女的。男的可能都忙着上街抄家打人去了，让她们看家。也许事出突然，她们有点儿慌。还说这个指挥部没下过灭猫令。我们总算出了口气，颇为得意。大人们可吓坏了，纷纷责怪表姐，她说：“我想好了，兜儿里揣着剪子呢！他们要是敢动我和小昕，我跟他们玩儿命！”说完，还掏出剪子给大人们看。

“文化大革命”末年，家里又来过两只小白猫。来时很小，一巴掌大，刚断哺乳期。有天晚上，我把它俩放在枕头边，半夜，它们却悄悄爬进了我被窝。我睡得正熟，忽觉得肚子上一热，跟着就有水流下来。马上明白小猫在我肚子上撒尿了。刚想把它们拿开，又记起大人说过，小猫不能被惊尿。就由它们尿吧。尿完了，把它们拿下，拆被晾褥子。因此记忆里，我家到处猫尿味儿。不过你爱它们，也就不嫌。

一九七六年，有件大事发生了（非国家大事），是我家来了一波斯猫。

猫的原主人是位华侨，要回国，所以将猫送人。那时波斯猫极其稀罕，很少有人见过。我家这只是公猫，起名白子。它大致有这么几个特点：一是漂亮。一对天蓝色大眼睛，一身雪绒花般的长毛。大脑袋，小耳朵，方下巴，四条短短粗粗的腿被长毛覆盖着几乎看不见。尾巴又粗又短，握在手里柔软蓬松。二是胆小。一来就跳到祖父的书架上，躲在线装书后面，弄得线装书上全是它的毛。

在书架下扔鱼，它也是千呼万唤不出来。必得所有人都退出书房，它确认无人后，才肯出来。三是嘴刁。它只吃鱼肉，而且只吃一种鱼，即墨斗鱼，别的鱼一概不吃。为这墨斗鱼，我几乎跑断腿。四是无能。挺老大了，还不会上房。家里南窗前有棵杏树，一根树杈离房只有五六十公分距离。每每它爬到了这儿，就站着发愣，不敢跳过去。我有个朋友为了帮它，上房在房顶与树杈间搭了个小木板，它这才犹犹豫豫地试了几回“飞越泸定河”。五是有心机。我不让它上床睡，它也总乖乖睡在床边的藤椅上。可有一夜，我从外边回来，月光下，它正四仰八叉地躺在我枕头上大睡特睡，肚子一起一伏地打着呼噜。我一叫它，它一睁眼，顿时一惊，马上背起耳朵，低下脑袋，耷拉着尾巴，肚皮贴床，绕着大圈儿快速向床边藤椅运动。它以这姿势表示，一，它认错了；二，让我打不着它。

春天，总有个又瘦又丑的母野猫来找它，让我和妹妹非常担心这个漂亮的笨猫被拐跑。过了一段时间，我们发现野猫的肚子渐渐大了，跳跃奔跑也不那么灵便，知它一定怀上了。从这时起，我们也为它准备一些鱼。后来野猫消失了一段时间，再出现又身轻如燕，又知它一定生了。她总在我家四周徘徊，可我们家里、院里都没有小猫，它到底把小猫生哪儿了？带着这个疑问，我上了房，一番搜寻后，看到的情景使我难忘。

在前院的一个小偏院的房顶上，有一个破旧而很大的天棚。四周的玻璃虽然碎了几块，但顶上的还完好，能够遮蔽一般的风雨。天棚中央有几块破棉絮几件破衣服，几只黑白花小猫正缩成一团，紧紧地挤在一起。原来野猫把它们生在了这儿，这些破棉絮就是它叼来的。

我和妹妹商量把它们抱到家里，可又担心母猫找不到它们没法喂养。一天，刮大风下大雨，风雨迷蒙中，忽见野猫嘴里叼着一只小猫的脖子，急匆匆从南房跑过来，纵身跳上西厢房前的绒花树，几步跳下来，直奔厢房里间。小猫们非常老实，一动不动地由母猫叼着。母猫这样来来往往了五次，最后又在厢房里间待了会儿，然后一溜烟冲出来，不见了。

小猫们蜷缩在一个绿色铁皮箱子的后边，稍有声响它们就挤成一团。母猫时进时出，后来我和妹妹试着用牛奶和切得很碎的鱼肉喂它们。一段时间过后，小猫们很快长大了，母猫也不再来了。到了小猫能玩儿的时候，我们知道该把它们送走了。于是，一个去了副食店，两个去了亲戚家。还有两个记不清了，但肯定是好人家，事先做过调查。

接下来就是如何对付母猫。自从有了母猫，只要它来，白子就成天跟着它跑。尤其到了晚上，出现了夜不归宿。能把这野猫变成家猫，让它俩守在家里做夫妻吗？肯定不行。家猫百分之九十九会丢，会成为野猫，更别说被野猫引诱的家猫。这是规律。反过来，野猫也不相信人类。这只母猫一看见我们，眼睛就充满警惕、怀疑、戒惧。要想保住白子，只能拆散它们，没有别的办法。最后我和妹妹做出了一致选择。

经过一段日子蹲守，我们终于捉住了在竹子旁边与白子相会的野猫，把它装进提包。然后坐九路电车来到西单，找了一条僻静的胡同，打开提包，看它闪电一样地跃出来，蹿房越脊地消失了。

一个多星期后，晚间大雷雨。我坐在床上看书，白子坐在藤椅上舔肚子，突然，外边风雨声中隐隐传来了什么叫声。白子忽然怔住了，先是一动不动地听着，然后疯狂变态般嚎叫起来，从猫洞中一跃而出。我跟出来一看，白子不顾风雨，癫狂地围着围墙奔跑、跳跃，仰头向上嚎叫。而高高的墙头上，正站着那只母猫，雷鸣电闪中，就像一个黑色的精灵。一声接一声凄厉地长嚎，像雷声、闪电一样轰击着天空。

我和妹妹既惊奇又感动。我家离西单四五站，中间又要经过多少马路、楼房、胡同、院落，它居然能找回来！而它是猫，又没有狗的嗅觉！

这更坚定了我们送走它的决心，否则，白子早晚有一天会跟它四处流浪，不知所终。但我们过了两个多月才行动。在一个月黑风高的夜晚，我们又一次逮住了它，这次坐九路电车差不多到了终点，呼家楼。我们打开提包，看到的最后一眼是，它一跃而出后，迅即消失在花园里隐秘的小树林中。

一年多后的冬天，一个寒冷的早晨，白子死了。可能吃坏了什么，发病很急。先是浑身抽搐，最后四脚一蹬。我抱着它，第一次感到面对死神步步逼近时人的无奈与无力。在竹子旁边，我埋葬了它。

夜深枯坐，往事来袭，有时自问，我做错了什么吗？答案是否定的。既然我没做错什么，为什么我有时做梦，会梦见它们仍幸福地生活在一起，生下一窝又一窝小猫？有时又想，也许那母猫真有通灵之术，会心灵感应，后来又从呼家楼回到我家与白子相会，只是不让我们看见罢了。

岁月悠悠，原住地改造，胡同消失，院落无存，居民们散向四面八方。火柴盒般的楼房，泥水匠般抹平了一切。时空时光，一齐归入茫茫。

罂粟花和果子狸

小时读苏联小说《普通一兵》，里面讲到，英雄的鲜血流到地上，每一滴就会化作一朵罂粟花。因为它最明亮，最浓艳，最美丽，鲜如血，艳如春。从此，罂粟花作为英雄之花在我心里生下了根。香港回归之时，有位被誉为“老诗人”的诗人在大报上撰长诗庆回归，有这样几句：“啊！啊！你这妖艳的罂粟花，你这罪恶的罂粟花，你这恶毒的罂粟花……”读至此，我抑制不住自己的愤怒。罂粟花招你惹你了？你杀害了它，肢解粉碎了它，吃了它，然后躺在街上涕泗横流丑态百出，你还怨它骂它？这位诗人因其老，想当然认为香港毒品泛滥娼妓遍地，所以拿罂粟花开了刀。可惜罂粟花和毒品没半点儿关系。这刀开得不是地方，让我以后看见他的名字就翻篇儿。

前些年北京闹“非典”，侦察原因。发现死人中有一厨子。追索下去，厨子吃过一野生动物，名果子狸，吃完没几天就挂了。“砖家”一考察，它身上带病毒，“非典”元凶。于是大家急忙捕杀果子狸。当时的市委宣传部长蔡赴朝都看不过去了，在电视里说：“它在深山，你在闹市，你把它从深山捉来，杀了吃，吃死了，你就没责任吗？”后来“砖家”又说搞错了，果子狸身上没“非典”。大屠杀也许这时才停止。电视里看，果子狸长得像小熊猫，胆子小，很温驯。我有时想，人类有种族灭绝罪，怎么动物就可以随便灭绝呢！空说什么万物平等。

国外有个动物园，园长引领大家参观。最后一间标题“最残忍的动物”。进去参观，一个动物没有，四周全是大镜子。大家明白后，哈哈大笑，可我却想，“最残忍的动物”和动物有类比性吗？自称万物之灵或万物之长，配吗？

变化

记得很小时，看过著名散文家杨朔的散文，歌颂昆明，印象深的就一句“四季如春”。当时就不以为然，不过那时还不到十岁，说不出为什么。现在，明白了。

四季如春，相当于温古噜嘟，我也许本能不喜欢温古噜嘟的城市和那种生活。我喜欢四季分明。从景色说，春天，繁花如海；夏天，蝉鸣一片；秋天，落英缤纷；冬天，冰封雪盖。从气候上说，春天，万物孕育；夏天，万物生长；秋天，万物凋零；冬天，万物闭藏。即春生夏长秋收冬藏。这就是天人合一天道循环。在这样的环境里，你会时时感到时光的流逝，随之欣喜，随之忧伤，会抓紧去做一切你想做的事。因为，冬天，提醒留给你时间不多；春天，又给你带来许多希望。

四季如春，我总觉得会给人疲疲沓沓的感觉。像这里，三亚，大多数人都是汗衫裤衩趿拉板，走路还一晃一晃的，大概以为自己很潇洒吧？要是四季分明，你起码要有四套衣服，冬天你也不可能穿趿拉板上街，除非你是叫花子。而且，以四季衣服应对四时，更可以展现容貌风度。如果是一个女孩子，会有四个分明的季节展示自己，而不只是一两个。

人们常说，空气好，气候好，养生好，以形容最南边的那些城市。其实我个人，并不爱听养生这个词。生命是你养就养得住吗?海边即便没有雾霾，遍及全国的烧烤也烟气熏天。生命需要养，但更重要的是，这被养起来的生命拿来干什么用。所以我特别喜欢王勃“老当益壮，宁移白首之心”和曹操“老骥伏枥，志在千里”。当然，也许在别人看来，你并没有干出什么。不过你做什么，有时并不需要别人看，甚至理解。

人生苦短，来日方长。我一直希望自己能在苦短的人生里多做一些来日的事情。

重温和醒悟

迷惘的一切

“文化大革命”中我被分配到家附近一所以又野又烂而远近闻名的中学“复课闹革命”。一个“闹”字，真实反映了当时的社会生活。学校是个新建校，来了许多华侨当老师，我们班的班主任王升增即其一。也许怕我们对他的家庭背景生出想象，他经常愤怒控诉他如何在工厂里受资本家的残酷剥削，以致手脚变形。（后来知道，他父亲就是资本家。）另一方面，又拼命打压出身不好和家里有人被揪出的学生（如我）。有回，我在同学中“散布”我佩服岳飞。他听到后，在课上，双眉紧皱怒目圆睁声嘶力竭地咆哮：“有人说，他崇拜岳飞。放着毛主席周总理你不崇拜，你崇拜岳飞！岳飞是什么东西！岳飞是屠杀人民起义的刽子手！”同时正告我：“赶快和你的家庭划清界限，不要和他们一起自绝于人民！”从此，我对岳飞更崇拜了。

不久以后，我们到农村劳动。他安排在地头演个小剧。有个情节是地主拿鞭子打农民。他知道男生不好指挥，于是让女生演男生看，还请了几个贫下中农指导。开演时，没有鞭子，就从地上捡了根树枝。演到鞭打时，这边“地主”的树枝刚一扬，那边的“农民”就完美地打起了滚儿。其他女生个个双拳紧握，怒目圆睁，侧歪头，一脸悲愤难抑的表情。看到这个情景，我不禁“哈哈哈”一阵大笑。于是，奇异的景象发生了，刚才还在煞有介事表演的女生们也“哈哈哈”地大笑起来，“地主”和“农民”抱在一起笑得乐不可支。男生不用说了，连贫下中农也乐开了怀。后来我想，皇帝的新衣原来如此，但我也不想永远做那个孩子。

又过了些时候，一天，他忽然把我叫到办公室，拿出一沓揭发材料，说：“这是从和平门中学转来的，你两个同学对你的揭发，你看看。”我一看，揭发我的，是我最好的两个朋友，供述我的反动言论。底下还签字画圈儿押手印儿。我说：“我是说过。”心想，大丈夫敢作敢当，谁像这两个夙王八蛋。他一愣，大概没想到我这么痛快承认。然后说：“有两个办法解决。一个是把这些交给红卫兵指挥部。不过到了他们那儿，你就不好办了。一个是你写份检查，要深刻。我向领导解释一下，最好到我这儿就完。”说完，又盯了我一眼，说：“你最好照我说的做。”我知道他在保护我，因为我校红卫兵老打人，前些日子刚以“流氓”的名义打死了一个叫蔡传笔的同学，而这个同学还出身烈士家庭。虽然我不知他为什么要保护我，但我照他说的做了。这事还真的就此压下，没有一个同学知道，也没有一个人来问过我。过了半年多，我校又揪出一个有反动言论的老师，叫姜景愚。学校召开上千人的师生大会，令其当众检查。

他瘦瘦高高，白白净净，斯斯文文，戴一个精致的细框眼镜，说话南方口音如女人般好听，罪行两条：散布毛泽东搞个人崇拜。还有一次在天安门广场，见有穿得很干净的老头儿向人乞讨吃完的冰棍棍儿。他说："真是对时代的讽刺。"出卖他的是我校一个教体育的老师，他的哥们儿，姓赵。大概上头已对他这事定了性，所以他讲完后，领导即宣布，欢迎他回到革命队伍中来。他还和站在旁边的出卖者赵老师握了一下手。

回想过去，现在的中国，确实在进步。尽管这么慢，这么难，这么犹犹豫豫，这么阻力重重，但总归还在向前。当然，它也只能向前，必须向前，否则，死路一条。不要忘记，为此，多少百姓付出了多少代价。从这上说，列宁的话，忘记过去就意味着背叛。没错儿。

京

由“老炮儿”想到的往事

“文化大革命”开始，红卫兵先在学校造反，后来窜到街上破四旧，抄家打人。祖父因是“资产阶级反动学术权威”，又加上街道有人鼓噪“陆家有钱，该抄”，所以想红卫兵必来，没想到他们居然没来。后来才知，红卫兵抄家时先去派出所和居委会做“调查研究”，说我们家当时是“受保护的”，因而幸免于难。

红卫兵造反最热闹时，是以西纠为首成立三纠（西纠、东纠、海纠，后又称“联合行动委员会”，简称“联动”）。我有个表哥，他爸爸是西城区副区长，他自然成了“西纠”一员。

学校不上课，干部们基本一扫而光，全成了大大小小的走资派。这样一来，社会、家里全放羊，老红卫兵们自然不甘心从此堕落到社会边缘，于是便像旧时军阀般拉帮结伙地占地盘儿。因而，“碴架”“拔份儿”“刀子板带口里口外”由此而生。

我家旁边一条胡同里有一高中生，比我大五六岁，姓张。他很有“份儿”，很大一片地儿的人都服他。不知为什么，我和他认识了，虽然我当时还是小学生。有一回我去找他，一进去，一屋子坐了得有三十多人，满屋子烟雾缭绕，还有几个女的，也夹着烟。我刚一进，那帮人就嚷："哪儿来的小孩儿？""出去出去！"这时他忙说："干什么！这是我小弟！"把我带到他家后边一间大屋，拿书和画报给我看，让我等他一会儿。听他们乱哄哄外边嚷嚷，知道他们已经约了架。

干部子弟们约架，大致是以"部"或"院"划分的。如国防部、三总部、外交部、内务部（后撤销）、劳动部、商业部，以及从一机部到八机部等。很长一段时间，传七机部的孩子们打架最狠，手最黑，无人敢跟他们"碴"。大院以军队大院最出名，如"海军大院""空军大院""三总部大院"等。但有个细节要说，现今一提自己曾是某某大院的似乎很神气，外人一听也被唬住。其实大院里住的基本上是中、下级干部和勤杂人员。副部级以上的干部都是独立四合院。小学同学家里，莫不如此。我们胡同里边，有个国务院宿舍，是勤杂人员住处。"文化大革命"时，邓小平的几个儿女也被赶到这里住。冬天时也拎着麻袋和大家一起排队买白薯。

当时打架的由头很小。比如有回我和劳动部宿舍的几个人去西城区委宿舍找人，结果他们那儿有个人玩气枪，一句话没对付，那边儿开了一枪。虽说只是碰了碰衣服，可劳动部这边儿马上不干了，登时约好了架。我绝不想让这两边打起来，因为都是我的朋友。于是从家里偷偷拿了十块钱，请两边朋友在护国寺小吃店吃了顿饭，买上两盒烟，把事儿"平"了。要说这架若真打起来，也有点儿缘由。可当时更多的是好勇斗狠的"找碴儿"。看你长的不顺眼，一架；看你衣服时尚（军装），一架；看你有钱进饭馆，一架。最根本的“终极目标”就为了“拔份儿”。社会如此混乱，大家纷纷“造兵器”。胡同里的一哥们儿给我造了一把三棱刮刀（简称三棱子。工厂里用来磨去产品毛刺的刮刀），给我时，说：“送你防身。这三道棱带血槽，好用。用刀扎，有时一刀下去，血把刀嘬住了，不好拔刀。这带血槽的，一扎，血就顺槽流下来，你好拔。”又说：“把手我是用线缠的。要不顺手，我给你安个木把儿。”过了两天，我把三棱子还他了，说看着害怕。他说：“那也行。有事你告诉我，我插他们丫的！”

最后要说到干部子弟和市井子弟的关系。“文化大革命”初起时，干部子弟当然看不起出身城市平民的市井子女，市井子女也当不了正牌红卫兵，没有造反资格，只能跟着哄。我有个胡同朋友，比我大四五岁。知道我认识那位张大哥，一定让我带他也认识认识。我们一去，张大哥刚一伸手，他就两手紧紧握住，连声说：“哥们儿土鳖！哥们儿土鳖！”我觉得他有点儿自贱，出来埋怨他，他不以为然，说：“你们家干什么的？咱这片儿谁不知道你们家？我爹做一辈子豆腐，能跟你们家比？”但后来情况有些变化，干部们大批被打倒，我许多同学的爸爸妈妈都在北京各处撅着，估计以后也起不来了。干部子弟们的气焰立刻下去一大块。同时家里也没了钱，怎么办？就去吃小偷，当时管偷叫佛，小偷叫佛爷，吃小偷就叫“吃佛洗佛”。还有就是“砸圈子”。圈子，所谓出身下层女孩子作风不正者。而相对“圈子”，出身上层的理想女孩儿，则是“牌儿（长相）靓，条儿（身材）顺，页子（钱）活

（多）”。值得指出，许多人以为这就是“婆子”，不对。婆子是很晚才出现的，有“圈子”的时候还没“婆子”。那时与“圈子”对应的只有“牌儿靓条儿顺页子活”。不过就我认识的人看，没人最后能娶上“牌儿靓条儿顺页子活”，纯粹白日梦。

干部子弟和市井子弟从根本上来说是井水不犯河水。他们不是两个水火不容的阶级，不是工农革命对地主资本家。只是由于干部子弟的权贵性，相对于市井子弟的平民性，干部子弟自认为老子天下第一，把自己看不起的人通通贬为“流氓”。但随着爹妈的不断垮台，他们也接连落入“孙子”“崽子”的境地。而且，两个集团的主要斗争其实是内斗，分割势力范围，看住地盘儿。再就是，两边儿都有渗透。市井这边儿是抬高身价，因为自己父母比较平凡，若能交上几个父母是将军、部长、省市委书记的朋友，脸上有光，兄弟们面前光彩，办事时圆通，两边儿通吃。干部子弟们也慢慢感到，强龙压不住地头蛇。这也就是为什么一九六七年“新街口小混蛋”死后，北京市并没有发生政府担心的年轻人大规模的械斗。

现在传说小混蛋专杀老兵，甚至成了罗宾汉，言过其实。小混蛋的手下不服老兵，跟老兵动刀子，不假。但这就是打架，拔份儿，不是什么行侠仗义。小混蛋也没有名震四九城，他被扎死后，全市中学紧急传达市里文件，说将有可能发生大规模械斗，谁要参加，就严惩谁。我们都不知道小混蛋是谁，只后来听说是新街口的一流氓，被老兵扎死。北京的流氓要为他报仇，一天之内买光全市菜刀，准备血洗老兵。现在想来，无非造势。就像我说的，两个集团有千丝万缕的联系，不是两个阶级。

我虽不知小混蛋，却和真正名震京城的达智桥菜刀队打过交道。那是因为从我家到宣武门大街，有三条胡同可出，从北向南，依次排列为：方壶斋、达智桥、八宝甸。达智桥菜刀队据说以下手稳准狠著称，不怕死，敢玩儿命，好多人都不敢走这条胡同。

这条胡同西口要高出马路面不少，东西向，不长，很窄，两边全是小小的破旧院落，静静的，和普通胡同没什么两样。有时，有的院门口站着三五个人，如果你路过时，他们照旧说笑，就没事。他们要停了说笑，拿阴沉沉的眼神一盯你，相互一嘀咕，你就赶快低头而过，别回看惹事。可要说明，达智桥附近这一片十几二十几条胡同，从来太平无事。后来我认识了其中几个人，见面点头一笑。熟了，知道他们有规矩，兔子不吃窝边草，而且重义气，很江湖。

我的朋友中，很多都来自胡同的市井，所谓哥们儿。有时我会将他们和来自部委的子弟们做一比较。有回，我在家请一帮外交部的子弟听外国唱片，没过一会儿，他们就各自点上了烟，我挺惊讶：“流氓才抽烟，你们不是老兵吗？”他们头子说：“老兵为了打流氓，先要装成流氓，混进去摸情况。你这么点儿，还不懂。”我还真就信了。里边有一个外号叫“眼镜”的，老谈女孩子，好像知道很多。几年后，听说他到处跟人谈女孩儿，甚至还谈她们的生理，还找来一些国外画报，结果一男孩儿没经住诱惑，爬树偷窥女孩子洗澡，被女孩儿父亲一棍打下树来，终身瘫痪。他们自己说自己打流氓，也不知到底谁是流氓。

回想起来，知识分子的孩子，爱读书胆子小有教养，不参与当时的混乱。改革开放后，也是避乱而走读书之路。而干部子弟和市井子弟再次杀入乱世，干部子弟从“官倒儿”起家，市井子弟从“练摊儿”发家，知识分子的孩子“啃书本儿”，三分天下，各取一经。

“贫下中农开会”

昌平西关附近有家饭馆，前两天我去吃饭，一翻菜谱，有道菜名令我迷惑，“贫下中农开会”。请教服务员，她说“就是乱炖”。我说，农民中出了多少人才，过去出政治家、军事家，现在还出企业家、科学家，怎么叫这道菜名。不由想起“文化大革命”中，有家“工农兵饭馆”，贴出“本店专为工农兵服务，特价两毛一碗红烧肉”。结果被愤怒的工农冲进去砸了店。理由是：“我们就会吃红烧肉？还是两毛一碗的？”边想边细查这道菜的内容，见里边有土豆、茄子、豆角、白菜、粉条，忽眼前一亮，见伟人和我同爱的东西也坐在里头，两块肥腻腻的五花肉。于是点了这道“贫下中农开会”，尽管开会的只有我自己。

房子

房子现在是仅次于生命的东西，不过为了保命，房子随时可以奉献。

无产阶级理论主张，不劳动者不得食。不劳动而有食，那就是剥削。无产阶级是要消灭剥削阶级的。因此，靠租房子收取租金的人，公私合营而有股份的人，是必然要打倒的人。手中紧握镰刀斧头的人是领导人。手中捏笔杆的人是要改造的人。改造好了叫同路人，同路人的最终理想是成为工人阶级的一部分。

“文化大革命”中，这一切都发挥得淋漓尽致。这里产生了个问题，即出租房子收租金（俗称“吃瓦片”）的人，当时的恐惧可以理解，而更多更广泛地拥有私房的人则更恐惧。因为生活中最可怕的不是确定的事，而是不确定的事。姓公姓私，已经成为凶残的红卫兵抄家打人的依据。

这时，不知何处指示，主动到房产所交了房契，可得“保护伞”。“保护伞”是一红底白字的小圆牌，字只一个，“公”。家里派我去的，大概觉得人家不会跟小孩儿生事。排队的人真多，腿都站麻了才轮到我。人们个个脸色凝重，不见悲痛。拿到后，脸色轻松了不少。长大后我想，这可能就是古代的免死牌吧?

今天，看到电视上、报纸上、杂志上的一家子为争房子打得头破血流闹上公堂，不知何故，心里总会想起那两句老话，“普天之下，莫非王土；率土之滨，莫非王臣”。

花儿与少年

昨日，偶然间听到王洛宾创作的《花儿与少年》，不由勾起往事。二十世纪六十年代末七十年代初，我们在东北当知青，十五六岁的年龄。有年春天傍晚，收工回来，吃完饭，一群人坐在窗前的原木堆上，唱起了这支歌：“川里平不过大草原，大草原铺上绿绒毯。人中间英俊的是少年，少年是人间的春天。”眼前是辽阔的原野，小麦初长，一片碧绿。金色夕阳覆盖在它上面，随风起伏，晃得人睁不开眼睛。歌好听，景好看，人动情，但越唱越迷茫，不知我们的出路和结局在哪儿。后来有几个淘气的改了词儿，“人世间悲惨的是老年，老头儿是人间的秋天”。然后哈哈哈大笑。

几十年过去了，如今，我想问当初改词儿的人，你们还会这样唱吗？你们还笑得出来吗？其实仔细想想，人世间最珍贵的，还不是花儿与少年。

睡觉

知青的生活很艰苦。尤其夏收时节，有时下半夜就起来，一天星星；收工回来又是上半夜，还是一天星星，两头不见太阳。因此，睡觉就成了我们的最大享受。回想过去，有两件事就与睡觉有关。一是有回连里放电影，第二次世界大战时打德国鬼子的。游击队的联络暗号是“消灭法西斯！自由属于人民！”于是大家决定用它来教训连队领导。第二天一早，连首长（对上级领导的规定称呼）进宿舍叫我们起床：“快起快起！赶紧的！干活去！”于是这边铺上的人一齐举拳：“消灭法西斯！”那边铺上的人同时一抡胳膊：“自由属于人民！”再齐声大喊：“出——去！”

我们宿舍墙上挂着个破喇叭，用来广播国家大事。但它时好时坏，经常装聋作哑。不哑巴时也常口齿不清，嘟嘟囔囔，不是掉牙就是漏风。但它偶尔也有人来疯的时候。比如“文化大革命”中埃塞俄比亚总统海尔·塞拉西一世皇帝访华，它就突然来了情绪，转播现场欢迎仪式时那叫一个高亢激昂清晰有力。可那天是个周末，我们正在睡懒觉，被它一阵又一阵“欢迎欢迎！热烈欢迎！海尔·塞拉西！一世皇帝！”吵得焦躁难耐。于是有人嚷道：“操他妈的！甭睡了！跟他们丫的一块儿喊！”于是带头大叫：“欢迎欢迎！热烈欢迎！海尔赛拉稀！一事儿皇帝！”宿舍里登时沸反盈天，这一闹腾，大家倒不困了。多年后，我跟爱人说起此事，她说：“真巧，那天我就在长安街边上欢迎皇帝。那会儿我刚上初中，学校组织的。”我听了，心想，真是万里姻缘口号牵啊！

故事

当年做知青时，有段时间，早起上工，出发前，先要祝毛和林万寿和健康，然后还要集体高唱一段林彪语录歌，歌词很短：“上战场，枪一响，老子下定决心，今天就死在战场上了。”然后振臂高呼三遍：“完蛋就完蛋！完蛋就完蛋！完蛋就完蛋！”看看排成队伍的我们，蓬头垢面，睡眼惺忪，头戴狗皮帽，腰拴草绳，脚穿破鞋形如叫花子的“兵团战士”，倒也只配去“完蛋”。

不过走了一会儿，有了精神，大家会唱另一支歌：“一岁我就坐华沙呀，二岁坐上了伏尔加。等到青年一十八，坐上吉姆卡。等到壮年二十八，飞黄腾达！！！”（华沙、伏尔加、吉姆卡都是那时的进口轿车。）

晚上收工回来，躺在铺上，又唱起另一支歌。现在回忆，真像预言：“黑夜笼罩着上海滩，你看她时髦的姑娘俏打扮。有钱人花天酒地尽情地欢啊，穷光蛋一辈子受苦锅底儿朝天。”

后来有人把“黑夜”改成了“黑爷爷”，这让我想起了李逵，恍惚间上海好像也上了梁山。

飞黄腾达也好，黑爷爷也罢，现今似乎并未“完蛋就完蛋”，离当年也并不遥远。

换皮记

“文化大革命”中，我有一大烦恼，就是皮肤白。不仅白，还特别细。按照“文化大革命”的不成文法，劳动人民至高无上。劳动人民风吹日晒，必然又红又黑，于是又红又黑和又白又嫩就成了“清理阶级队伍”的标志。小学和以后那几年，这皮肤没少让我倒霉，让我成了“资产阶级面包牛奶喂大”的典型。

来到东北当知青后，我干活的笨手笨脚和又白又细的皮肤都相当突出。连里有一群爱闹事的青年，某天他们集体出动，到一个叫二道河子的地方跟人打架拔份儿。连长气坏了，说他们歪戴防绿（国防绿军帽，简称防绿），斜叼烟卷，架着墨镜，披着大衣，军用挎包里揣着板砖、酒瓶，这哪是毛主席的好战士，明明是座山雕的队伍下山了！决定成立劳改队惩戒一下。除了他们，还有几个不听话的，一齐收藏。不可思议的，也包容了我。于是，就发生了这样的事：

一次，干活中间休息，一哥们儿瞧了瞧我，笑着说：“操！我们都他妈的爱闹事，给他奶奶的弄一块儿了！你这么老实巴交的，怎么也进来了？操他妈的！”于是，其他知青也围过来帮我分析。七嘴八舌之后，意见渐趋一致，一，长得太白；二，不会干活。而长得太白更重要。因为走到哪儿哪儿扎眼，像阶级异己分子。

由此，为了回到革命队伍或进入革命队伍，我决定蜕皮，将白细之皮变成红黑之肤。说干就干，有机会就晒。先光着膀子晒上身。两三星期后，哥儿们说：“红了嘿，有戏！”虽然又痒又疼，可心里很有成就感。然后，皮破了，渗液了，首先在肩膀上。咬牙，忍着。因为离目的又前进了一步。过了一段，结痂了，黑紫黑紫的。心里更高兴了，只差最后一步，爆皮。又过了些日子，黑紫色的皮像礼花似的要绽放了。我忍着疼，撕下一块看皮肤，结果，皮肤还是那么白。哥儿们观察后说，比以前更白。

从此，我再也没有混进劳动人民队伍的想法。

慰问

一九七四年，北京市革命委员会组织慰问团来慰问我们，每人发了六样生活用品，有搪瓷缸子、笔记本、肥皂、毛巾等。

北京慰问团要来的消息，上头几个月前就大张旗鼓地宣传，要我们做好欢迎的准备。有位知青说，他们他妈的一来又该胡编派了，说咱们怎么怎么好，怎么怎么安心。连里让咱们收拾点儿自己，我他妈就不收拾。我仨月不理发，让头发盖鼻子尖。大家一听纷纷“点赞”。他本来就是瘦脸型，绰号“耗子”，也不爱理发。仨月过后，头发果然飘到了鼻子尖儿。慰问团来了，他使劲儿往前挤。慰问团果然问他头发怎么这么长，他说一怕冷，二没钱，三没工具。

童工

将知识青年上山下乡称作“无悔青春”来纪念，我是有看法的。将几十万、上百万正当上学，既无生活能力又无生产能力的青少年一下扔到北方雪原，南方林莽，黄土高坡，以“广阔天地大有作为”名义实施空前的集体驱逐和流放，算得上中国几千年未见的壮举。我特别想提醒的是，这些人只有十五六岁。以阶级斗争的理论讲，资本家剥削童工，而童工，不满十八岁的青少年。那么，在无产阶级领导下，我们怎么成了童工，还是被迁了户口不得返乡的童工？赋“诗”一首，以见当时心路历程：

雾深霜重夜凄迷，夜凄迷中听晓鸡。不信人生成虚度，太阳出东总要西。

读书有用

十几年前，一次知青聚会，当年我们连队的指导员，一位天津女知青，过来对我说："我对你印象特别深。因为什么时候看见你，你手里都拿着一本书。"说完，她仍然用探询的眼光看我，似乎想知道我当时到底看了什么书。

首先是《毛主席语录》和《毛泽东选集》。但这并不说明我喜欢。我看的理由是，书中有不少历史人文山川地理。这让我开了眼界长了知识。《毛主席语录》中有几句印象深，革命不是请客吃饭，不是绣花做衣。革命是暴烈的行动（革命的真谛）。世界上没有无缘无故的爱，也没有无缘无故的恨（否定人道主义）。凡是敌人拥护的，我们就要反对;凡是敌人反对的，我们就要拥护（机械辩证法）。蒋介石军权抓得很紧，这点他是我们的先生（枪杆子里面出政权）。后来回到北京，去中国书店买旧书。当时干部知识分子都被驱逐到五七干校，临行前"坏"书不敢卖，只好卖马恩列斯毛。我把马恩列斯装了一麻袋，才五块钱，托运去了东北。回到东北，见连队知青早把我的麻袋拆开，把书扔了一铺，几个人互相议论，这本三天。这本顶多五天。这本厚，半个月吧。另一人说，用不了半个月。我听着特惊奇，我知道他们从不看书，怎么能看这么快。一问，他们哈哈大笑。说，我们是说，上茅房擦屁股能用几天！

我赶紧把我的书安置了个妥当的位置，远离宿舍的饲料棚里。每天下工后坐在饲料堆上看书。饲料堆旁一口大铡刀，让我总想起刘胡兰，尽量坐得离它远点儿。饲料棚只有一个很小的窗口，暮色又暗，几乎什么也看不见。但我并不肯就此罢休，鼻子贴在书上，眼睛一个字一个字认真辨认。读完后，心中愉快的是，终于战胜了一天平庸的生活，没有抽烟喝酒打牌胡聊神侃。就这样，看完了斯大林著《论列宁主义的几个问题》和普列汉诺夫著《论一元历史观之发展》。代价是，两年后回到北京检查眼睛，大夫吓一跳，说，你这眼睛从没散光到这么重散光，又这么点儿岁数，全北京都没几个！

再回东北，弄了些各国古典文学名著带回去。这些书当然不能被擦，所以只能给相好看。我们那儿有个天津宿舍，住的都是天津人，比我们大六七岁，我常去玩儿。我有本《堂吉诃德》，书中有这样几行诗“面对悲惨的命运，发出内心的微笑。伟大的胸怀，展现这样的气概”。我想这恰是当时我们生活的写照。一天给他们朗诵。朗诵刚完，他们就大笑了，而且是震耳欲聋的大笑。从那儿以后，我再不去他们屋玩儿了。

但是有三个领袖式的知青不笑。一个哈尔滨人，听说回城之后仍是领袖。一个天津人，回城后不知所终。一个北京人，回城后因病早逝。他们对我共同的看法是，有才，不逢时。还有一位号称曾任天津三十八万红卫兵的司令，我们长谈一夜后，他的看法是，有才，必逢时。

东北八年，我前后待了不到四年。在家时，祖父讲了《说文》《诗经》《论语》《孟子》《春秋左传》《文选》，自己看了正续资治通鉴和唐诗宋词以及大量外国古典和近代小说。大学四年，基本没念书，只为考试苦读。工作以后，只为衣食刻苦。饱食之余，最喜日本推理小说和《第二次世界大战史》，二者水平已远超博士生。此外，社论必看，精研报纸，因为，百姓要过什么样的生活，表面是你的选择，其实不是你的决定。所以，社论必看。

回头看看自己，人不必从众，亦不可流俗。流俗，必俗；脱俗，必不俗。庄子在逍遥游，陈胜在田地头，都讲过这话。论至德者不和于俗，成大功者不谋于众。

最后说两句轻松的，我喜欢看青春年少的男孩儿女孩儿看书。男孩儿，好学深思；女孩儿，娴雅幽静。

京

从高考到分配

我的高考之旅比较简单，头一年，一九七七年，共四科，语，数，政，史地。数学一道不会，得一分，落榜；第二年，一九七八年，共五科。语，数，政，历史，地理。数学只写出一道题的公式，得七分，中举了。上了北北京师范学院今称首都师范大学的中文系。

宋真宗说得对，高考就是黄金屋，颜如玉，千钟粟，改变人生道路。具体到我这儿，当时作为知青从东北病退返京，在街道待分配。头一份工作是韩家潭（京城著名八大胡同之一）绣花厂。不想去，别人劝，去了当技工，有技术又轻省，而且女工特多，搞对象容易。这一劝劝得我更不想去了。第二份是去派出所当警察。想去，觉得警察的制服好看，唬人。可一打听，是内勤，不穿制服。第三份是打字机厂。主事的一见我戴眼镜就说，我们这儿眼睛得2.5。第四份是一个当时挺时髦的电子元件厂，说环境巨干净，一尘不染，穿拖鞋，白大褂儿，工作轻省，还学技术。头天晚上高兴得没睡好觉，第二天一去，来了近一千知青，排成浩浩荡荡的游行队伍向前向前向前，自知没戏，也没做无用功。第五份是祖父某学生说有路子可以安排我进北京图书馆，于是天天盼。终于有一天有信儿了，他对祖父说，真惭愧，学生无能，名额让人顶了。第六份是煤气站。那时祖父因级别高，政府送了一个。但我父母没有。听说煤气站的职工每人可分一个，所以想去那儿工作给父母挣个煤气罐儿。正这时，高考来了。

高考那天，家里一片平静。母亲在牛奶里卧了个鸡蛋。我说，今天还有鸡蛋？母亲说，要不是考试，你倒想有鸡蛋吃！中午回家，父母上班了，爷爷奶奶睡觉了，院里静悄悄。自己上厨房一看，一锅丸子白菜米饭。回想当时考试的感觉，麻木不仁，人为刀俎我为鱼肉，任你宰割。考前，父亲曾一脸严肃地对我说，考上考不上都要正确对待。不过听到分数后，倒是他不能正确对待，肝火动得让我难忘。后来知道是来报信的人报错了。我的语文考了86，他报的是不及格。

大家都说，如果我的数学再争气些，北大没问题。我倒没大遗憾。蔡元培时的北大是天国，如今的北大可是扎扎实实地落在了地上。尤其当我听说“大和尚”屡屡被评为北大最受欢迎的教师，更让我怀疑北大学生的鉴赏力。

又过些年，轮到我送儿子上考场。他母亲出差，所以没有倾巢出动。我又一次感到人为刀俎我为鱼肉，不过这次的刀俎换成了儿子。考场前，人山人海，各种各样的表现和情景充塞其间。有架摄像机的，有拥抱的，有叮嘱的，有拍肩膀的，有母女吻别的。我也想表现表现，又不知如何发挥。最终平静地分手，不平静地回家了。

高考改变命运，在中国，几乎成了唯一。如果像德国，管道工等服务业挣得比教授多，社会也没有歧视，人们也没必要过这独木桥。但我国，没戏。想上位，除了高考，女生，还可以嫁人，男生，想这条路，最好死心。有水晶鞋和王子，没听说千层底和公主。

想起去年见的高考励志横幅：“天王盖地虎，都上985！宝塔镇河妖，全进211！”不由忆起两个情景。十多年前，还在北师大住，高考出分以后，对楼一扇开着的窗里传出歇斯底里的夹带着哭声的喊叫：“你要干什么啊！你要干什么啊！这都白学了？这都白教了？”我正担心会有人跳楼，果然就有东西从窗口出来了，不过，还好，是一大堆五颜六色的书刊材料。另一次是七八年前，也是高考出分后，正在散步时，一个姑娘抱着一堆书，大哭着，从一个楼门洞里跑出来。也许脚步太急，绊了一下，书散了一地，全是些花花绿绿的复习资料。她边哭边捡，也没见后边有家人追来。如今，每念及此，就不由心中默诵：“天王盖地虎，都上985！宝塔镇河妖，全进211！”

以后，我去了中国政法大学。十多年前，一次研究生答辩完，听研究生们聊天。不知怎么一来，她们转到了所知或所听说的混得好的或混起来的人身上。某人已副局，谁谁谁还正局哪！那某某某马上要副部了！说者得意扬扬，听者津津有味。问问她们的工作，都已找好，或是已考取了公务员，或是已进了银行，只有一位去做教师，说时还显得底气不足。这就引起了我的感触。

我说，没错儿，人随势变，时与世移。现在当官儿，进银行，是时髦的选择。但若倒退三十多年，可不是这样。

我大学毕业后，进了北京市政协。先说好的地方，净跟上层打交道。除了没有军，党，政，文化，学术，艺术各方面的精英应有尽有。因为工作就是统战，所以整天出入人家的门庭，不想混脸儿熟也得脸儿熟。再就是工作的地点，中山公园。中山公园里的中山堂和后面的大殿以及旁边的西小院都属于市政协，我们文史办和学委会就在这里办公。小院很大，是个庭院式的别墅。院子里有十几棵参天大树，花草遍地。别墅里避风阁，穹顶，花砖地，落地窗，高大明朗。手头工作完了，可以去公园里走走换脑子。只要工作时间里你不在公园看电影，领导也不管你。

再说不习惯的。第一，并没有人束缚你，但当你第一步踏进机关的大门，无形中的束缚和压力就扑面而来。原因何在呢？我们这几届学生，差不多都过了“学生”年龄。或者进过工厂，或者上山下乡，或者曾无业在家，但有一点儿共同，就是对社会人生有了自己的看法。在学校里是意气风发舍我其谁，一入机关小心翼翼，自然不适应。二是干部和我们确实存在隔阂。那个时候的干部，尤其是做行政的，有学历的不多，基本是靠资历和经验被推荐提拔。所以对我们有一定“成见”，我们是要经过改造和“洗澡”才符合干部要求。对此我们很抵触。有时表现得很明显，就是机关一开会，几个大学生就很自然地坐在了一起。那时有几个分在市委组织部、宣传部、统战部的学生，有事来这边开会，总爱泡在我们办公室。过路的人会看上我们两眼，那眼光里总有些什么。所以以后为避麻烦，她们再来，就不和我们聊了，打个招呼笑一下而已。我们开会时，也避免抱团坐了。三是当时思想上的斗争还是很激烈。我们进政协不久，就赶上反对资产阶级自由化和清除精神污染。大学生自然成了教育的重点。我们本来是向往有番作为，却成了被教育对象，很失落。

最终使我们绝大多数人离开的原因是，去了约一年后，忽然接到上级指示，为顺应民意，将原本在市委市政府领导下的市人大、市政协升格，与市政府市委平行为四大权力机构。而且三天之内要办好。怎么办呢？市政协原来只有科，现在一律挂牌为处。科里原来只有一两个人，一个科长或副科长带一科员。现在马上晋级。我们戏称为“内部粮票”。当时，政协连看门的王大爷在内，一共六十一或六十三个人。几乎人人升官或升官在望。但就在此后不久，我们都离开了政协。

为什么？也许是不成熟，也许是幼稚，也许是志存高远，不想做官儿。我们这代人，吃过许多苦，也立过许多志，期望国家向好，也期望自己有为，但发现“官场”让我们失望。我们最大的愿望是发出自己的声音，让别人听到自己的声音。所以最理想的地方就是高校、媒体和出版社。大多数人也都是去的这些地方。

我们走时，有人说，让你们当官儿，你们还不当。也有好心人以过来人的经验对我们说，你们自己说自己是内部粮票，可到了外边或者机关一扩大，你们可就是实打实的官儿。果然，我们走后三四个月，机关本部就从南河沿搬到东四一带，人员迅速达到二百四十多。

最后，我对研究生说，看问题，不光要横着看，还要纵向看。那时许多人，为何离开官场，正如现在许多人，为何奔向官场一样，时代使然。

回忆中又想到一件事。当年东岳庙被军队所占。所长找到政协求援，领导派我去调查。果然，庙后楼阁上全是军人家属晾的衣服，市公安局某处还占了一个院子，院儿里有一通赵孟頫写的碑文无法保护，所长只能在上面加了个铁壳子加以保护。回来后我以政协名义给市政府打了个报告，一年多后，所长来报喜，腾退了，特别感谢我。

前几年，从东岳庙前过，进去看了看。寂静无人。转过一层又一层殿，进了一个又一个院，没有声响。夕阳在地，树木葱郁，忽一阵笛声嘹亮。循声而去，原来是一看殿的年轻人自遣寂寞。现在想，当年“利用”手中“权力”，做了这件事，也不算白在政协一场。

馒头诗断想

闲看去年鲁奖获得者周诗人之“馒头诗”，不禁想起了我和馒头的一段往事。

我当知青时，有很长一段时间，没馒头吃，整天吃大楂子饭（老玉米粒饭）把人快整吐了。忽然一天，连里要修灶台，一人发了七个馒头，两天的饭。久旱逢甘霖，大家猛吃，又互相偷，不少人干脆把留下的馒头锁进箱子里。嘴馋的一次吃了五个，我一次吃了四个，接下来的日子是别人接济的。（我吃馒头的最高纪录是一顿十个。那天面没发好，馒头个儿小，一根筷子穿五个，穿了两根筷子。不大工夫就吃光了。有人汇报给领导，领导夸我改造有成绩，向贫下中农靠拢。）所以，看了周诗人的馒头诗，就不由想起馒头，作四首以唱和。

先录周诗人大作：

中国人民有志气，不蒸馒头争口气。罗布泊中放爆竹，要与美苏玩博戏。

自作：

其一：

知识青年没志气，只蒸馒头不争气。没了馒头断了气，不知如何玩博戏。

其二：

人类从来分阶级，不得胜利不种地。馒头不蒸不着急，先和美苏玩博戏。

其三：

真理一句顶万句，不断革命高举旗。馒头吃光吃垃圾，不惧生死玩博戏。

其四：

既蒸馒头也争气，馒头争气不对立。劝君苦学辩证法，再和美苏玩博戏。

深深的海洋

少年时，我们传唱的一首歌，叫《深深的海洋》。头两句词是“深深的海洋，你为何不平静？不平静就像我爱人，那一颗动摇的心”。

那时我们不过十四五，又在“文化大革命”期间，虽然情窦初开，可任什么不懂，一群毛头小子又傻又愣，也没人见过海洋，唱时还带些不好意思的坏笑，因为朦胧知道“动摇的心”是对“爱情”的描绘，而爱情在当时是犯忌的。另一方面，尽管大街上、胡同里、左邻右舍有许多女孩子，但都隐隐觉得不如歌中那个有一颗“动摇的心”的女孩子，何况她身边还有“不平静的海洋”。

现在，大海就在眼前，它不平静吗？

大海是平静的，因为它是自己的主人。人生岁月是不平静的，因为我们不是自己的主人。我们的主人，是欲望。歌中女孩儿悲伤，我们四处传唱，即在于此。

川普

川普大选胜了，我由衷高兴。

因为这与我国当下风气相关。一是希拉里那边一造势，就是现总统前总统歌星舞星文星武星阔佬富豪一齐上，宛如我国某些地方稍微有个头脸的人一出来，就鞍前马后催巴儿跟屁虫一大帮，点头儿哈腰一长溜儿。而那边儿的川普，除了老婆孩子摇旗呐喊，就自己咧着大嘴一路杀过来，杀得上流社会精英阶层一败涂地。原因很简单，选总统不是选精英，是选能代表我说话合我心意的人。最次，也是哪怕只是此刻说出了我想说的话的人。其次，希望能给我国自诩为精英阶层的人一个警醒。我国精英阶层的毛病很多很多，不多说了。只说一个我这个教书的感受最深的，即好为人师。废话连篇，还自认高明。几十年我最烦就是听某些报告会，研讨会，理论会，讲座会。更怕有些人一边掏出十几页的稿子一边谦虚地说，不耽误大家时间，我简单说两点。于是，每两点里各含三个小标题，每个小标题里各含两个小要点，每个小要点里又各有一二三。好不容易说完，还言犹未尽，一边嘬牙花子，一边再次谦虚地说，时间有限，我暂时就说到这里吧。几十年来，我对此感受太深了。所以川普上台，对自作多情的我国精英阶层未必不是好事。

怨与戾

当前的中国社会，充满了怨气和戾气，以及不知羞耻（并非危言耸听，请看诈骗抢劫和贪污腐化）。知识分子中的怨和戾，一点儿不比劳动人民少，张口就来，越骂越脏，恬不知耻，以为爱国，即如中央电视台选拔出来的大小张国政之流。有一个我很不理解的现象，奥运是个运动会，是个竞技大家庭，而中国则视之为战争。因此，别国叫代表团，中国叫军团。由此就出来许多凶狠狠恶巴巴的词。如某项目上届输了，这回又输了，这叫旧恨新仇，来日必报；什么短兵相接，什么严阵以待，什么杀入几强；或者扬扬得意，什么王者归来，威风八面，霸气十足，无人可敌。若是无人可敌的王者输了，也有词儿，屈居亚军。连中国泳联也昏昏然，照会奥泳联要求霍顿给孙扬道歉。中泳、奥泳连国奥，都是民间组织，没有任何权力命令别人做这做那。如果霍顿诽谤孙扬，只有向法庭起诉，法院处理。这让我想起一件事，大概是上届奥运会，俄罗斯体操运动员涅莫夫高低杠上做了一套绝美绝难的动作，但得分很低。分数一出，全场哗然（是全场，不是俄罗斯观众）。许多人还做出小指向下的手势，要求改判。场上大乱，无法继续。这时涅莫夫先是几次挥手致意，又将双手用力向下一压，终于恢复了平静。事后并未改判，也未闻俄罗斯体操队申诉。那位获奖的运动员的名字，当时就没记住。但涅莫夫的名字，自此就留在了心里。他让我懂得，认真去做事，不必计得失。对得起自己，也对得起别人。

哭与唱

很长时间以来，我就对综艺节目上的唱歌开始了“研究”。为什么有些造势一定要先道苦情，然后每唱必哭、每哭必唱？而且为了配合这悲悲切切凄凄惨惨戚戚，聚光灯来回打住台下的几张流泪大粉脸，再定住几位抹泪的评委。结果，必进第二轮。问明白人，人说，那都是雇的托儿。要起名，该叫泪托儿或叫眼泪托儿。

电视台好像对眼泪特有兴趣，弄得遇到灾难，必有一首“某某不哭”的歌曲出来以彰显凝聚力。遇到灾难，失去亲人，埋好尸体，擦干眼泪，重新再来。十年生聚，十年教训，中华民族几千年就是这样走过来的。历史上没流传下“不哭”的名曲，哭也没用。我倒不是说不能抒发一时悲情，我就是不喜欢哭。我们民族也不是一个爱哭的民族。

由此我想到头些日子旧书重温地看了一遍捷克反法西斯英雄伏契克的名著《绞刑架下的报告》，其中一段深深打动了我。伏契克一天被盖世太保提出监狱，来到大街。眼前的情形使他震惊：他原以为在法西斯统治下，街上定是阴风惨惨，一片阴霾。但眼前在暮春的黄昏里，街上人流如织。少男少女们穿着漂亮的衣服，携手走向正在演奏乐曲的广场。咖啡馆里坐满了人，老人们沿着河畔散步，风中弥漫着五月花香。开始他不理解，后来明白了。人们不是屈服，而是充满了希望，一个热爱生活充满希望的民族是不会也不可能被征服。他为这样的民族献身，正是他的价值所在。

男儿有泪不轻弹。

一点儿看法

网上近来有一篇很火的文章，《有什么样的人民，就有什么样的贪官》。读了之后，感想是，作者或许哀其不幸，怒其不争。但从根本上说，这就是个伪命题。

文中观点很简单，老百姓一方面大骂贪官，另一方面又巴结贪官。事实如此吗？非也！众所周知，你打官司，有天大的冤屈，未必能伸；全家啼饥号寒，弄个低保，恐怕也得先出两桶花生油的血。这不是老百姓要巴结，是制度出了问题。如果真是“官不聊生”了，百姓还会去巴结吗？如果老百姓玩命巴结当官的，就说明你不是以法治国，而是以人治国，这还不是制度出了问题？

再说，老百姓真是如此不堪，一面痛骂，一面巴结？我从少年时就有个疑问，各种课本各种忆苦，老说老百姓如何被压迫，但是，高高在上者，就那一小堆，人人一口唾沫，不就淹死了，老百姓怎么就那么不行？长大后明白了，一小堆人掌握了权力，权力又掌握了财富，通过财富的分配建立了国家机器，老百姓就没辙了。而没辙的根本原因是老百姓一盘散沙，俗语，各人自扫门前雪，莫管他人瓦上霜。一盘散沙，任人屠宰。

难道就这样一直下去？总结历史，我发现人民不是不能忍受压迫，有时甚至是能容忍非常厉害的压迫不会反抗。但这里有个度，有条红线。超越了它，民众一定起而反抗，这就是中国历史上多少次改朝换代的农民大起义。但这个度，这条红线在哪儿，没人知道。统治者自己摸索。对了，五谷丰登，河清海晏；错了，盗贼蜂起，天下大乱。人民不培养贪官，制度才是根源。

包子的“骨头”

已入耳顺之年。照理，这耳朵听什么都该顺了，可它就偏不顺。一段时间，听各级退下来的领导包括几位大学校长，说出了与他们在位时不同，甚至截然不同的话，里面有种种内幕真相。他们的解释是：人在官场，没有办法。不说假话干不成大事（《林彪语录》）。现在，官儿没了，可以说了。

可我曾是坚定的中国社会主义（孔庆东语）信仰者。当初听了，信了，照做了，问心无愧了。现在你说，人在江湖，迫不得已，我该如何？无语？苦笑？默默飘过？几十年就这样过去了。

遥想十六岁时，作为知青，来到东北，方知除了风景如画，所谓“大米白面，吃鸡吃鸭。楼上楼下，电灯电话”纯属一派胡言。是古代的流刑加西伯利亚的流放再加驱逐以及对人口贩子的效仿的大融合。一个明朗的秋夜，伙伴们坐在宿舍外边的原木堆上，齐唱思乡歌曲“说得是这般好啊，其实那不一样哪”，我望着远处的松林、村庄、小路以及天边气势雄伟的苍茫群山，心想，也许我们会让它变得美好。因为，毕竟是，祖国。但这也许，也就真成了也许……

近些年，我常吃庆丰包子。这倒并非因为电视里“吃庆丰的包子，香……哪”的叫喊，也从没为这是“书记套餐”而激动得难以下咽。我只是爱吃包子，包子也不认人，不会变脸，没有奴颜。

黄油的联想

二十世纪六十年代，母亲一天买回一块黄油，还买了白面包。嘱咐我和妹妹，每天早晨一片面包夹一片黄油。黄油那时很金贵，又显得洋气，还好吃。我和妹妹都想白嘴儿（干吃）过过瘾。白天不行，决定夜里行动。夜深人静，估计父母睡熟，我们悄悄来到堂屋，各拿一把小刀，我从这边她从那边各切了一片嚼起来。原先说好，怕母亲看出来，各自只吃薄薄的一片。我没控制住，又吃了一片。妹妹看见了，也学着又吃了一片。我指责她，她指责我，还说我切得厚。一争论，声音大起来。怕吵醒父母，赶快回屋了。早晨，母亲看了看黄油，什么也没说。只是吃完以后，很久没再买。

现在，吃块黄油不算难事。你不腻，整块吞也行。但令我费解的是，有些人非常怀念那个物资匮乏民不聊生的时代。好像完全忘了那种别说吃肉喝酒就连火柴肥皂花生瓜子都要凭票凭证供应的生活。站在对方的立场，我找出的理由是，人人贫穷因而人人平等，心理比现在平衡。然而我想问的是，人人贫穷即人人平等讲得通吗？谁能忍受物资极度匮乏而求一个想象中的人人平等？早在一千多年前，农民起义军就提出“等贵贱均贫富”的主张，但实际上这只不过是领袖们让你玩儿命的动力。反过来说，民众也并不要求等贵贱。小学三年级时，正赶上“三年自然灾害”。一天在学校吃午饭，碗里只有少许米饭，其余全是各种豆子。大家谁也吃不下去，这时老师只说了一句话，我们马上把饭吃了。她说的是“毛主席周总理也正和我们吃一样的饭”。长大后，当然知道不是这么回事，但也不反感。上下当然不能一样。

小学课文中有一段是农民编了歌谣欢迎李自成的起义军：“吃他娘，喝他娘，闯王来了不纳粮。”翻译成白话就是：“吃他妈的，喝他妈的，闯王来了不交粮。”解着恨地吃，解着恨地喝，还不交粮不生产。吃完喝完怎么办？再去抢生产者的。“文化大革命”发生，果然，在造反的大潮下，大家纷纷革命，无人无心生产。以至后来连发“要抓革命促生产”的最高指示。可见用农民“等贵贱”和“造反有理”管理现代国家是不行的。今人也不必怀念那段日子，除非你是那个时候的既得利益者。

今天，确实值得我们珍惜。这是多少人付出了血的代价才换来的。今天和过去的区别是讲民生还是讲革命；讲和谐还是讲斗争；划分阶级还是团结民众。历史总要前进，历史总在前进，历史不会倒退，也倒退不了。

重温和醒悟

俄国十月革命刚发生时，知识分子们非常欢迎，大诗人叶赛宁作诗赞道："欢呼吧，这天上地下的革命！"但不久，他自杀了。马雅可夫斯基也是如此。大雕塑家罗丹当时访俄，对列宁印象特别好，因为列宁总在笑。但后来他发现，列宁是在狞笑。高尔基见杀人太多，写信给列宁劝阻。列宁回道："革命是肮脏的事情，您为什么要弄脏自己的手呢？""文化大革命"前，受教育，革命是神圣、伟大、至高无上的。我甚至将革命理想化为革命加爱情，革命加浪漫，梦想长大后有一段轰轰烈烈的革命爱情。"文化大革命"驾临，将一切粉碎。背诵语录，伟大领袖对革命论述道："革命不是请客吃饭，不是绘画绣花……而是一个阶级推翻另一个阶级的暴烈的行动。"当时太小，还不能深刻领会。现在想来，字字千钧。革命是什么？革命就是割了你的头，取了你的命。革命、同志并非外来词汇，汤武革命，流血漂橹。朱元璋将他的行刑队"铲头会"，也称为"同志"。今日重温领袖教导，深感自己愚钝。所幸大规模无差别流血已成过去。但树欲静而风不止，你想取我的头，我想要你的命，仍在暗中，蠢蠢欲动。

以人民的名义

《人民的名义》这部电视剧的名字怪怪的。因为这里主要讲几个好官和几个坏官做斗争。而人民，除了来硬的，放火（王文革），持刀（王文革），或者服软（走窗户，跪窗口），也没什么辙。唯一有点儿地位的前工会主席后董事长的郑西坡，取名还取自《笑林广记》中的一个笑话。再加上他取名挣钱的儿子和傻里傻气的儿媳，三个活宝一台戏。除此以外，非官即商，并无广大人民。所以，这戏的名字改为“以人民的名义而斗争”更合适。太平天下，人民无权，在权力的鼻息下生存，自然渴望青天大老爷。换了乱世，有枪的草头王到处乱跑，人民也是倒了这霉倒那霉。想起小时玩游戏，“我代表人民，把你崩了”或“我以人民的名义，宣布……”，再看看这个似是而非，若隐若现，拿起就用，用完就扔的“人民”，再想想周围有多少人民为了脱离人民而努力奋斗，有多少父母苦口婆心劝子女早日脱离人民的现实，真是糟心。

口号

我觉得现今中国大学最可笑的就是它的口号“争创世界一流大学”。什么叫世界一流大学，虽然开多少研讨会吃多少回工作餐拿多少回劳务费鸡一嘴鸭一嘴最终还是说不清，但靠了中国特色一样能搞起来，这就是“梁山泊”方式。拉拉扯扯吹吹拍拍口是心非暗箱操作，撸起袖子，甩开膀子大炼钢铁。说到教育，不禁想到民国。不说大学教授，就说中学老师，祖父的老友洪诚，后来也是著名的训诂学家，他说，我在中学教书，一月八十大洋。请一个老妈子，管吃住，一块钱。全家衣食无忧，我还有钱买不少书。大学教授每月几百大洋，生活可想而知。但反过来，每到年底教授教师们都提心吊胆，因为教师是由校长每年一聘，所以不用考核，教师们也会努力。祖父说，最初几年，每到年底，自己心里都不踏实，生怕接不到聘书。而校长又由教授会约束，不能随意乱来。不像现在校长是学校的皇上，或是梁山的宋江。把学校和官、权、钱三合一，以创世界一流大学，也许是做梦。

艳阳天和马之悦

整理旧书，整出一套《艳阳天》。看到它，有个几十年从未消失的印象浮上心头。

话说里边有个叫马之悦的人，阶级异己分子，靠能说会道钻进革命队伍，当了村领导。那边有个叫萧长春的，两道剑眉一双虎目，自然是一颗红心，当了大队长。俩人各有一老婆，马之悦的叫马凤兰，撒泼打滚浑不懔，身圆肉多白薯脚。萧长春的叫焦淑红，脸红肤黑铁脚板，飒爽英姿五尺枪。为了论证阶级斗争的理论，作者又为马凤兰设了一个地主的亲戚圈。且这两对互为仇敌的夫妇各自的家庭感情极好，同呼吸，共命运，患难与共。小说主要就以他们之间发生的故事展现“波澜壮阔的农村阶级斗争”。

快结尾时，马之悦的狐狸尾巴被揪出，挨了斗争。完事回家，大门洞开，空无一人。穿过门道，升堂入室，还是无人。马之悦心里这个骂马凤兰。忽然，他看见桌面上立着个酒瓶子，是他最爱喝的老白干。旁边一个碟子上还扣个大碗。打开一看，一大碟子热气腾腾的炒鸡蛋。马之悦明白了，马凤兰是久等他不回来，慌了，准又颠着两个白薯脚四下打探风声去了。这酒和鸡蛋，是给他压惊的。怕鸡蛋凉了，拿碗扣起来。

马之悦喝了一大口酒，夹了一筷子鸡蛋，然后自语出两句令人难忘的名言：

> 天下什么东西最好？酒最好。
>
> 天下什么人最亲？老婆最亲。

从那时起，我就盼着马之悦得志，萧长春倒霉。因为我不相信阶级斗争，我只相信人性。

看青春电视剧

陪家人看青春电视连续剧，好无聊。不是千金爱上穷青年，就是穷女孩儿嫁了王子。因效鲁迅翁改张衡《四愁诗》，以遣炎日。

我的所爱在山巅，欲去寻她山路艰。爱人赠我登天梯。回她什么？爬山索。从此掉头不理我。

我的所爱是豪门，欲去寻她没宝马。爱人赠我信用卡。回她什么？大碗茶。从此掉头不理我。

我的所爱是千金，欲去寻她门禁深。爱人赠我移民证。回她什么？低保本儿。从此掉头不理我。

我的所爱是贵族，欲去寻她被驱逐。爱人赠我海景房。回她什么？茅草屋。从此掉头不理我。不知何故由她去吧。

丛林和睡衣

回望过去，我们这代人，可以说是从“丛林”中长起来的，而且不止一个丛林。第一个丛林当然是“文化大革命”，庆幸自己还活着。第二个丛林是“上山下乡”，庆幸自己没落病。第三个丛林是“下岗”，庆幸自己不是废物。自己的青春，就不断跋涉在这三个丛林里。想想过去，有些事虽说不上美好却也难忘。

那是下乡之前，为将来减少病痛，我去友谊医院做了扁桃体切除术。当时不少下乡孩子的父母都带儿女去医院做了这类手术。我们男病房旁边是个女病房，我和那里边一个女中学生很好。好的原因很俗，她好看。不是一般的好看，是非常好看，起码我这么看。有件事很奇怪，那时社会上授受不亲，而进了医院，男女却一下子亲近起来，大概因为同是病人的缘故。我们在等做手术那些天里，老在一起散步、聊天、乘凉。关系近了，她告诉我，她是她们中学红卫兵的副总指挥。她工人家庭，出身好。我一听，登时心一沉，我最恨的就是红卫兵。一晚上无精打采，她的花容顿时在我心里减了不少。弄得她奇怪地问我好几遍：“你怎么了？”

第二天晚上散步，她给我讲了这么件事。她说，有一次她们去捉一个“男流氓”，“他家里有好多好多书，好多好多画报。他叫向阳”。随后，她用冥想的神情说：“我们去时，他穿一身睡衣。”又向往地说：“蓝色的，天蓝色的。”“你也动手了？”我问。她连忙否认：“没有没有，我就站远处看着。”“那人是你带去你指挥的？”“不是。是司令指挥的。”于是我心里马上觉得她又容颜依旧了。这时，她忽然问我：“你穿过睡衣吗？”我说我没穿过，因为我没有，不知道什么叫睡衣。她看着我，轻轻摇摇头，说：“我不信。”从医院告别时，她送我一个笔记本，上面写了叫我勇敢的话。因为私下里她对我说，她觉得我有点儿弱。

从表面看，确实如此。记得上小学时，有位同学带来一本开本很大彩印的《木偶奇遇记》。全班男同学恨不得一下全扑上去抢着看。于是，力大的把力小的扒拉一边了，能打架的把不会打架的挤一边了，不好惹的把好惹的惹了，惹了就惹了。我坐在自己的位子上，没事人似的干自己的事。但我心里一直惦记着那本书，几十年没忘。因为它告诉了我什么叫弱肉强食。

不过，我对那位花容月貌的女孩子的话也不以为然。看上去弱就是真的弱吗？暂时的弱就是长久的弱吗？如果穿上了睡衣是强还是弱？

苏联有部电影的名字我特别喜欢，《莫斯科不相信眼泪》。因为它让我琢磨莫斯科到底相信什么。结论是：莫斯科相信原子弹。

一个民族一个国家一个人，如果没有实力，最好的下场是平庸，最坏的下场是没有下场。

富听雨穷听风

人问，当学生时，不知怎么，一分钟前笑，一分钟后哭，有病吗？其实正常。因为，人们知道，这是青春的卖点，傲娇的本钱。假如老头儿老太太前一分钟笑后一分钟哭，看病就是自然。所以，青春时代的风雨，可能让人哭笑无常。但一旦进入生活，就会换个样子，“富听雨穷听风”。

李清照：“梧桐更兼细雨，到黄昏点点滴滴。这次第，怎一个愁字了得！”杜甫：“八月秋高风怒号，卷我屋上三重茅。”

成年人的泪，是流向心底的铅水。

也说阶层固化

网上一连看了好几篇谈阶层固化的文章，也想谈谈自己的观点。社会要发展，人民要生活，没有稳定的等级制度，即一定程度上的阶层固化，根本做不到。各守其业，各安其分，就是这个道理。不过在上者一天到晚老欺负人民怎么办？圣人给出的办法是对统治者劝谏或威胁。比如孟子的民本主义，比如“民可以载舟，亦可覆舟”等。西哲则是建立法律制度，两党制、代议制、三权分立等。谁能管住统治者，不言而喻。

那么，我国古代是不是一直尊崇“龙生龙，凤生凤，老鼠儿子打地洞”？是不是上下永远不流动，“上品无寒门，下品无世族”？恰恰相反。古代科举制度的产生，领先于世界几百年，被称为五大奇迹。在欧洲还处于黑暗的中世纪时，中国古人就已利用科举选贤任能，英国的文官制度就是受我国的科举启发而产生。全世界都在叙述文官制度的教科书中肯定了中国的科举制。所以，从隋代开科取士始，科举就成了改变阶层固化的手段和途径。

但是你假如说，我无才无德，也不想读书，还不想被固化，有没有机会呢？当然有，汉之刘邦，明之朱元璋，近代唱“乱世英雄起四方，有枪就是草头王”的胡传魁。不过这得有个前提，世道乱到百姓没饭吃的地步，否则没人跟你跑。毕竟保重脑袋比升官发财重要。俗语“宁做太平犬，不做乱世人”就是这个意思。又假如社会不动乱，能打破固化吗？也能，如“文化大革命”。可惜那些响应号召玩儿命造反想一步登天的弄潮儿童，最后发现自己不过是做了最高统治者权力斗争的工具，无功有罪，秋后算账。少数几个上去的，靠山一倒，抓的抓，关的关，病的病，死的死，上吊的上吊。剩下一批草根造反者，上边最后来了个“清理三种人”，一网打尽。

有篇文章的作者提出的一个证明阶层固化的论据荒唐得令我吃惊，他列出数据，说农村有多少孩子考上了大学、好大学；城市又有多少孩子考上了大学、好大学。以此证明不平等，说明固化。这难道有可比性？如果这数据反过来我倒奇怪了。其实这种情况当权者也在想办法，李克强加快城镇化建设也应该有这个考虑在里面。即便遭人诟病的曹魏九品中正制，本意也是好的，并非世卿世禄，只是实际操作中不可行。社会，没有等级，无法运行。科举，高考，就是上下浮动的渠道。法律，制度，就是渠道的保障。生于世家，生于农家，无法改变，但无法改变不代表没有机会。论时事，既不能不顾事实，也不能一叶障目。

垃圾和道德

近二十年前，街上没有垃圾桶，就是划出一片空地，大家把垃圾直接倒地上。晚上八点以后，大卡车轰隆隆地开来了，车后有一块踏板，一溜排开站着四个人，身穿劳动布工作服，戴帽子口罩，有块布挡住后脑，个个膀大腰圆。车刚一停，他们就飞身而下，四把大铁锹运作如飞，片刻之间，干干净净。然后把铁锹往车上一扔，朝车头大吼一声："走！"飞身往踏板上一跃，两手一扒槽帮子，动作又帅又麻利。以至我那时想，侠客们飞来飞去的身影大概也就如此。

在垃圾车到来之前，会有捡垃圾的人。基本都是女孩子和老太婆。这么多年，我只极偶然见过一两个老头儿，但女孩子却很普遍。中国人的重男轻女，绝不只在农村。有一回，一个小女孩儿在垃圾堆旁哭，路过的人问怎么回事。原来小女孩儿刚捡了几张大纸，旁边也在捡垃圾的老太婆来抢。女孩儿不给，老太婆用扒东西的钩子打她的手，抢走了纸。于是大家纷纷谴责老太婆，老太婆一言不发，只是继续埋头翻垃圾。

我本也在心里进行着道德评判，但忽然觉得不对劲儿，因为想起了宋江。假如他在现场，会如何处理？掏出钱包，一人一百。仓廪不实衣食不足，何知礼节荣辱？两张纸，对你来说，可能就是两张纸。对她来说，是两个馒头，她或她家人的一顿饭。宋江对他的游民朋友，没饭管饭，没衣给衣，没住管住，没钱送钱。卖身葬父的阎婆惜也白得了宋大官人的棺材钱。宋江走到哪里，银子就散到哪里，所以，“及时雨”的名号远比“呼保义”响亮得多。宋江就是这样起的家，梁山就是如此发展起来的，革命也就此成功。

思潮回到过去，又想到过去女孩儿的不容易。夏天在西单吃西瓜，常有女孩子端一个盆在你嘴下接着，意思是让你把瓜子瓜皮吐到她的盆里，她拿回家炒瓜子，但也不是为自己吃，是卖给收购的地方。但吃瓜的人不好意思，她们就把盆放到你脚前。但吃的人又会吐得满地都是，于是她们最终还是站到你对面，把盆端到你嘴下。那时，正是号召人人平等的“文化大革命”时代。

雪白的花猫

昨晚回家，俩女中学生边走边聊，一个说："我小学时真傻，写作文，一只雪白的花猫。"一个问："怎么了？"那个说，花猫还能雪白？这个问，那你还这么写？答：我喜欢。我心里的猫就这样。

我从小数学极差，语文特好。尤其是作文，老在班里甚至在年级里当范文念。但有一次，是反过来，老师挑了个错句，并在全班朗诵"白雪皑皑的田野上，金黄色的麦浪随风起伏"。全班大笑。从此，这个教训记了几十年，一定要实事求是。

现在回想，值得检讨。逻辑是大人的世界，不合逻辑是儿童的世界。丰子恺认为，儿童的想象力是世界上最美丽的事物。我所以那样写，就是认为金黄和雪白搭配得最好看。如果老师是我，我会告诉孩子们想象和现实的区别，鼓励他们去写童话。我感谢世上有那些童话伴我前行，今天，每当看到安徒生的《海的女儿》和《夜莺》，我还会无限遐想，看到《小花猫学钓鱼》，心中就会阵阵温暖。

特产

父亲说过这样一件事：改革开放之初，他们学校接待了一个日本旅行团。活动结束上车要走时，一个女的老也没来。领队的也是个日本女人。等那掉队的女人赶来，领队的上去就是一大嘴巴，女人也没敢说什么。“好厉害。”父亲说。

前几年，我们一群人开会，会后组织游览。游览完毕上车要走时，负责我们这辆车的负责人却没出现，说是在买特产。左等右等大家终于炸窝了，纷纷在车里义愤填膺。后来她终于来了，车里顿时平静如水，仿佛刚才什么也没有发生。甚至还有几个人关怀地问特产买到了没有，买的啥。看到这幅光景，我一没学日本人冲上去，二也没戳破皇帝的新衣。我只是不给她好脸色看（我们认识）。因为这时我想起伟人的教导：“我们共产党人从不隐瞒自己的观点。”我虽然不是共产党人，但也不想在心里脸上摆两副面孔。

只是，今天想到这儿，想到特产，就不由苦笑，真是特产。

兴败

记得几十年前，独自去八大处玩儿。在一片密林中，有块大石头，上有大字，“甲申，国耻”。虽遭风雨剥蚀，仍清晰可见。心想这可是文物，想给文物局打个电话，转念又想，万一说这是地主阶级仇恨农民革命的罪证给毁了怎么办，还不如就这样躺在静静的山林里。

眼下，来到昌平西关李自成的铜像下，不禁又想起那块大石头。想起明亡，有个事儿浮上心头。李自成快要兵临城下时，崇祯苦于无钱应战，不得以向皇亲国戚文武百官相借。望其老丈杆子（北京话，即老丈人。从古代说，应叫国丈）带个头儿。孰知老丈杆子回以兵荒马乱实在无钱，最后咬牙掏了一万两。文武百官，各哭丧一副脸，一点一点凑，结果可想而知。及至李自成进了京，大将刘宗敏要众官献银，众官又想蒙混过关，刘宗敏何人？朱元璋转世，使出剥皮楦草的手段再加来俊臣的盖世酷刑外加诛杀九族，让你求生不得求死不能，银子登时就出来了。老丈杆子一下就献出几十万两，不过也难逃族诛。京城惨呼号天血雨腥风。反过来想，文明借钱你不给，非等暴力执法，但暴力从来没有边际。文明有度，暴力无边。提拔了这样一群文武，崇祯也算有目无珠。再如，明降将李成栋为清前锋，兵至江浙一带，遇有当地郡守带家人妾侍并几十船金银财宝浩荡而来。被李部截住后，守官叩头如捣蒜，说，大人若饶得小人性命，我这几十船财宝外加二十多个姨太太，尽管拿去。李听后大笑，说，你这官儿，又昏又贪。我纵杀了你，她们便飞上天不成？

往事退千年。如果今天这些贪官污吏回到明思宗时，其作为恐怕也是一般无二。儒家主性善，法家主性恶。两家孰是孰非，真有讨论的余地。若初心就是恶，不忘初心可是麻烦。

暮色来临，心情和暮色一样深沉，思绪和暮天一样遥远，进了街边儿的老家肉饼店。外边下班高峰，人来人往，闹声喧喧。没来由想起春秋时某国大臣劝国君控制周天子时说，争名于朝，争利于市。天下熙熙，皆为利来；天下攘攘，皆为利往。今三川周室，天下之朝市也。三川周室，历代皆有，今日便是这肉饼店所在的京城。但无论你是沽名，还是谋利，抑或不沽不谋，先要果腹。于是，点了肉饼两角，馄饨一碗。

有一句话，套在现在最实用，即“把群众当傻子”。电视里，官员们爱说“老百姓”们该如何如何，演说家们爱说“普通人，必须”怎样怎样，导师们爱说“青年们，不能”这样那样。鸡汤家们，爱说“普通人，要明白”这个那个。我除了对这些官爷说爷导爷鸡爷们敬谢不敏外，特别对股儿爷，即股评家进行了研究。

我不炒股，也不会炒不敢炒，但一次看电视，却对很多股评家们的说话方式有了兴趣，从此给予关注。因为他们教训别人时的肆无忌惮和对自己的缺失文过饰非炉火纯青。比如，“股民们必须牢记，不能追涨杀爹”“小散们，只能打一枪换一地方”“我们已出大盘分析，精彩连连”（如降龙十八掌，两仪四象八卦阵，他们自己立的名目，还有好多）。他们预测第二天的走势百分之九十和事实相反，这时他们可以训练有素地做到脸不变色心不跳，或者王顾左右而言他，或者侃侃而谈今天大“爹”的原因，似乎完全忘了自己昨日陈述今日必涨的理由，最后却总忘不了谴责今日屁滚尿流的小散们不够专业，素质不高。说到明天，一定又是最后一“爹”，

“爹”无可“爹”，封杀下“爹”空间，黎明前的黑暗，彩虹就在风雨后。明天再“爹”，自然还是脸不变色心不跳，还是彩虹就在风雨后。这就让我想起小时背得滚瓜烂熟的名言，“前途是光明的，道路是曲折的”。心想他们怎么这么心有灵犀。没事时看看股爷的表演，比小品强得多。

这个世界是越来越热闹了，热闹得有时我不想看表演，想安静下来。安静的时候是夜晚，但大街上不行。桥墩子没招谁惹谁，也被人开着豪车撞飞了。所以，只能在家。昨夜，月光明亮，窗外飞来，先是幽辉半床，再后烂银似的铺了一地的明明暗暗。过去每当这时，总爱听《毕业生》和《昨日重现》，在静谧中重温往日生活。昨夜没有，昨夜我想问自己，如果我有，如果我能够有，我理想的环境是什么？答案是：午夜之星，天边篝火。

记得有些年前，从某饭店门前经过，有一人正和保安大吵大闹。原来此人要把自行车放到饭店门前供汽车出入的坡道旁，保安不让。这人的自尊心比较强，发作得也比较厉害，我经过他身边时，听他嚷嚷说："汽车怎么了，自行车怎么了，看不起骑自行车的？！"走了好远，还听他嚷个不休。

我也没有车，我也不骑自行车。但假如我骑了自行车，我一定会听保安的，将车挪到合适的位置。当然，我也理解那位争执的人，因为当前就是一个看衣服给脸色笑贫不笑娼的社会，因而自尊心也就格外敏感。但你也可以这样想，今天你骑自行车，明天你也许还能骑上自行车。今天他坐轿车，明天可能就坐上了囚车。或许，你也很快就坐上了轿车。自己的价值首先由自己判断。想当年，始皇出巡，刘邦和项羽不也夹在欢迎队伍里伸头探脑？陈胜言"燕雀安知鸿鹄之志"。天下人可以笑你，你也可以笑天下人。

抬头望望家乡的天空，那么深沉高远，那么辽阔无边。天道无私，天行有常，不为尧存，不为桀亡。在波澜起伏的蓝天白云下，人生多么幸福。忽然想起，还没吃早点，赶快出门，去享受油条豆腐脑儿。

让梨的另面

孔融让梨是美谈。但方法不对，事物会走向反面。举个我自己的例子。

红焖大虾是个高级菜，所以无论在家还是在外，从没有管够的。某次吃时，我拘于礼尚未动，盘中已风卷残云，只剩两三只，还有二人有跃跃之意。于是我说，你们把虾吃了吧，我吃虾汤泡饭。如是者一而再，又聚，女主人笑吟吟地端着一盘拌着虾汁的饭递到我眼前，说，你不是爱吃虾汤拌饭吗？这虾汤都给你留着呢。饭也拌好了，你吃吧。

所以做事一定要让人明白你的意思。否则，别人会说，孔融不是让梨，是他不爱吃梨。值得警惕的是，有人以“让”为名，推掉了自己不想干的事，还博得“让”的美名。

过程

前两日，与法学院的研究生座谈《白夜行》。聊起男女主人公的身世，有位女生说，从人生来讲，凡事最好有个过程，比如男女，从幼年的懵懂无知到半懂不懂到相互亲近，直到两情相悦最后到婚姻殿堂，多好。不像现在，直奔主题，没劲。

我说，你这是理想主义情怀。不过，我喜欢。

人，生有个阶段，长有个过程。幼小时，如白雪之纯。不过后来上边不断掉东西，有彩带，有花朵，有枯枝，有落叶，也有煤末子，炉灰砟儿。被洒了多少，接受了多少，视社会环境和家庭环境而定。若说男女从幼年到成年的过程，浪漫的大诗人李白早就描绘了："妾发初覆额，折花门前剧。郎骑竹马来，绕床弄青梅。同居长干里，两小无嫌猜。十四为君妇，羞颜未尝开。低头向暗壁，千唤不一回。十五始展眉，愿同尘与灰。常存抱柱信，岂上望夫台。"不过这样的婚姻，万不存一，大家都是半路出家。

岸边

闲来无事，坐在森林公园的岸边，往水里扔石头子儿。石头子儿打起水的涟漪，一圈一圈儿，越来越慢，渐行渐远，最终缓缓消失。心想，这就像我们对待自己的亲人，如果你的话能像石头子儿那样，扔进他们内心最深处的那片水，在那里泛起轻柔缓慢的涟漪，这样的家庭一定美满。可惜，绝大部分石头子儿不是扔到了水里，而是扔到了石头堆上。结果反而是打得那上面的石子蹦起来，蹦蹦跳跳，就像两口子干起来。这又像讲授文学，文学是水，教师在扔石子儿，激起的涟漪在学生心中形成一圈又一圈儿共鸣，使他们自己深入水中。

希望

《芈月传》里，芈月被赶到燕国的集市旁居住后，对四周环境说了句，可怕的还不是穷困，是令人窒息的绝望。

多年前，看过一部电视连续剧《老马家的幸福往事》，对出身穷人家庭的女主人公，影片中有句旁白，有多少像她这样的穷姑娘，梦想有朝一日走出这没有希望的街巷。

但反过来说，如果生活一成不变，即便贵为太子，过着如枚乘《七发》里描绘的奢侈生活，也同样令人窒息。不然，释迦为何摆脱其父净饭王为他安排的荣华，抛去太子之位，去河边树下冥想？

生活，不能没有变化。变化，带来希望。希望，带来新的生活。

悟与误

闲时偶然翻阅新近出版的一本某著名学府的《同学录》。其中收录的人都是二十世纪五十年代中文系的学生。栏目内除每人的姓名、籍贯、现工作单位外，还专辟一栏，名“人生感悟”，希望同学们结合自己几十年的人生道路留一点儿心得。

这些感悟花团锦簇，十分好看。特别有些寓庄于谐的，看得能把人笑死。但看到某一条时，我却不禁深深玩味起来。这条感悟是这样写的：

“悟了一生，误了一生。透析中国文学的傲然骨气，乃是对现代文明的反动。”

对于学文史哲的人或喜欢对人生做过多思考的人来说，这几句话可谓一针见血。确实，许多人天天在感悟，天天在耽误自己。因为在当前的市场经济下，许多人早已瞅准一个具体的功利性目标，急不可待地抡开膀子大干，而你还端坐在这儿悟。悟人生，悟自己，没完没了地悟，悟上了瘾，悟成了迷，成为为悟而悟，执迷不悟地悟，最终是耽误自己，一事无成，所以叫“误了一生”。那么这种“悟性”从何而来？作者以能让人深切理解的两句话便拨开迷雾，“透析中国文学的傲然骨气，乃是对现代文明的反动”。即由于受了中国文学中那固有的君子气的影响，清高自诩的处世态度便不觉深入到一些人的言行中。而这种气质，对讲究实际的现代文明社会来说，是一种逆潮流的回归，亦即反动，因它是向社会潮流的相反方向运动。

作者的见解非常深刻。搞中国文学乃至传统文化的人，多多少少总要受到旧文化的影响，在为人上，总以旧文化的主脉，即君子必清高为标志。清高孤傲，则落落寡合，所谓阳春白雪是也。歌阳春者，则必不屑于下里巴人，如此，则同道稀，寂寞多。寂寞时多，则有暇悟。悟天悟地悟人生悟己身，于是弄出不少诗词歌赋乃至宏文高论。假如这在封建时代顺理成章有时甚至会成为一条进入仕途的终南捷径，但可悲的是时代已经天翻地覆，阳春白雪早已颠倒了个儿，而自己仍持旧观点以应新现实，岂非逆潮流而动，岂不常常失落，岂不悲哉哀哉！正是：悟了一生，误了一生。

如今，时髦的人到处讲什么生命的本体意义，我不知道他演讲一回能捞多少钞票。假若能捞回钞票，便说明他不是书呆子，因为他能用生命的本体意义换回生活的实际意义。听者若是着了迷，从生活的实际意义冲进生命的本体意义，便不知何时才能钻出来。

由此，我想到，对人生的思考不要太深、太远，对人生哲学的思考不要太多、太细，不要试图离人生的深处更近一些，那样，会白白耽误自己很多时光。用那时光，不说去干事业，就算用来享受人生最基本最正当的需要，也应该是一种幸福。

文人之变

二十世纪二三十年代，以国学而论，是章太炎以及他周围的人名声最著的时候。他们的学问尽人皆知，可以略而不谈。有趣的是他们的性格都有“疯子”之称。如章太炎、刘师培、黄侃为著名的“三疯子”。钱玄同则被他的同门黄侃讥为“疯子”。近年来文化界喜欢发微抉隐，把些个逸事逸闻当谈资，一时“疯人疯事”风行一时，却无人看到那“疯”的另一面，这就是太炎先生论“疯”。他说：“大凡非常可怪的议论，不是神经病人，断不能想；就是能想也不敢说，说了以后，遇着艰难困苦的时候，不是神经病的人，断不能百折不回，孤行己意。所以古来有大学问成大事业的，必得有神经病才能做到。……为这缘故，兄弟承认自己有神经病，也愿诸位同志，人人个个，都有一两分的神经病。……兄弟看来，不怕有神经病，只怕富贵利禄当现面前的时候，那神经病立刻好了，这才是要不得哩。”太炎不幸言中的是，刘师培果然在“富贵利禄当现面前”的时候，那神经病立刻好了。而章、黄等人却将“疯病”坚持到底，为民族成就了一番事业。可见当这样的“疯子”，并不是件容易的事。

从个性说到情趣，当年学者们的风流潇洒也是令人无限追慕的。那时的中央、金陵两大学聚集了东南一些著名学者，教课之余，时共出游，汪辟疆先生在《悼黄季刚先生》一文中记下了当时的盛况：

> （黄）先生尝云："平生友朋游谶之乐，金陵为最。"盖先生之南来也，余与汪旭初、陈伯弢、王晓湘诸先生皆先至。东南旧人，有王伯沆、胡小石两先生，已而吴瞿安亦重来，林公铎先生则去年始南下。皆与先生习处者也。由十七年至二十年，此四年中，几无日不集，集必剧谈移晷，以为笑乐。尝忆十七年上巳，先生约同人为湖北之游，风日晴美，论文谭艺，为乐无极。归而共集先生之寄勤闲室，仿柏梁台联句，酒间命笔，成数十韵。陈伯弢后至，未得与会，次日乃独和之。此结社之始也。……其最可忆者：则为己巳三月间邓尉之游。先是瞿安先生以春假返苏州，先生告以同社将游邓尉，瞿安先行，因委以部属之事。……次日，由胥门买舟，经横塘木渎灵岩至光福，宿光福时，竟夜为谈艺之乐。又次日，至邓尉，穷双崦石楼石壁香雪海玄墓山之胜，先生极赏石壁面湖平台，谓：坐我此间，太湖三万六千顷，归眼底矣。余谓：在圣恩寺，坐还元阁上，厂轩面山，林壑深秀，吐纳万景，安见在石壁下耶？……余与先生贾勇登上白云，距山巅一磐石上，天风袭人，晚霞成绮，纵目四顾，水软山柔，相与诵苏子美近水遥山俱有情之句，叹其有情二字，

真能为吴山写照也。旁晚经枫桥，小憩寒山寺，绕舟至阊门，呼酒征歌，酣饮为乐，四更既尽，乃联袂入城，时际深夜，城门已扃，月华流艳，人影在地，与门卒隔关对语，久乃始启。尔时情景，迄今思之，犹如昨日。

观今日之文人，像章、黄之疯的“疯子”，似已绝踪，而有诗酒雅兴的，也未见得就多。两相比较，今日文人在三方面与昔日不同。一是忧患意识与社会责任感的日趋衰落。“天下兴亡，匹夫有责”“士不可不弘毅，任重而道远”，当初，都是文人喊出来的。而今在“发家论英雄，职称排座次”的世风中正在消解。过去讲文人要“立德、立言、立功”，现在实际的情形是刚好倒过来，“立功、立言、立德”。因为“功”与物质相联系，“言”在其次，因言者一般肚中自知自己那些“言”究竟有多少分量。至于“德”，而今德行不修者已不鲜见，故德已退至末位。二是过去的学者讲究苦练幼功，不急出书，今日此传统却因急功近利而遭否定。因如今学问已不单纯是学问，却似一杆上山打猎以求改善物质的猎枪，其火药味道甚浓，而学术内涵日减。三是情趣的消亡。现在相当部分文人的生活是这样的三部曲：一编书，图既多又快。二翻案，还胆子特大，只要有单词孤证，马上洋洋洒洒。唯恐多翻书多费时光，一刻千金的惜阴心理此时体现得最充分。三是弄新名词，卖洋术语。非得引进外国驴配中国马，生出双方谁瞧着都别扭的骡子，似乎不如此不足以显学，尤其不能给人以学贯中西的摩登态。那么假设抛去三部曲式生活，今日文人是否也就像他们的先辈那样有才华和风雅？回答是否定的，因为今人功底太浅，难通诗词歌赋；蜗角虚名，蝇头微利当前引诱，难有闲情逸志。

虽然，时下文人难于比肩前辈大师，但我想说，这责任，至少有一半，要由时代、社会来负。人是环境的产物，人不能不受环境的制约。期望不远的将来文人能有一个特立独行的价值取向，过一种以诗文会友的潇洒生活。

年终总结

前些年，年关之时，总要向领导交一份年终总结，以备审查，这两年似乎免了。不过我还想自我总结一下，以见心路历程。

头几十年，作为为衣食奔走的升斗小民，自然不能“遗世而独立”。那时的自己，凡事去留有意、宠辱皆惊。劫波过后，年岁渐长，看看周围，已近杜甫所说“访旧半为鬼，惊呼热中肠”。也就常常注意注意前前后后的人，琢磨琢磨远远近近的事，考虑考虑人生的意义，重新思索那个愚蠢的问题，人，活着为什么。再读经史，便觉出里面的浩大深沉。尽管年纪已不允许再来“诗和远方”，但那些古往今来不以物喜不以己悲的志士仁人仍让我叹为观止终夜难眠。他们做了我们民族两千多年的脊梁，与时下世风对比，称得上英名不朽，功勋伟烈。宛如流星划过，光明永在；昙花一现，余香犹存。

罗尔事件中，他与合伙人相互呼应，先卖惨，掏不起药钱（其实到现在为止，总共只掏了三万）；暴露后，再卖苦，自己亲口说的，三房两车一公司，解释为深圳的一套，破旧小区，不堪入目。东莞的两套，不仅没有房产证，还是低端房，卖不了几个钱；车，一辆吹牛，一辆实有，实有的这辆破如烂铁；自己的广告公司，是牛皮大王的产物。至于自己在公众号里说，自己是广告神手，随便一个点子，即得银几十甚至百万。变成已失业半年多，每月四千，要还无数房贷。卖苦未博同情后，还有一卖，即卖哭。面对记者，涕泗横流地哭号，没有人关心我的女儿，现在的人怎么都这样？好像刚把自己写下的人们山呼海啸般的大爱，要女儿永世不忘的世人恩情忘得精光。这三卖，卖惨、卖苦、卖哭，或曰三比，比惨、比苦、比哭，在今日甚为流行。即拿电视上的各大比赛来说，赛后不少选手都会道苦情。家中种种不幸，自己种种坎坷，于是，台上评委眼圈红，台下观众红眼圈，聚光灯再赶快紧追几个泪光盈盈的脸，真是“泪飞顿作倾盆雨”。特别值得说的是，这样的男选手比女选手还多不少。

男人，如何做男人，怎样是男人？我不禁又想到我国古老的传统。朝上不以物喜、不以己悲的志士仁人；民间的八尺汉、好男儿、大丈夫，以及那渐行渐远的士大夫的精神气度。

有段时间了，我一看、一听思想就心生厌烦，脑袋就要爆炸。想起过去可不这样。那时谁要说哪本书有思想，赶快找来读。听说哪个人有思想，千方百计跟他认识。择偶标准其中有一条就是“有思想”。

后来不断发现，政客们说一套做一套，老百姓希望的是一套，得到的是另一套。在思想泛滥的今天，思想没有让世界变得更好，反而更糟。

象牙塔里的论文，好像在挤牙膏似的往外挤思想。社会上的专家，好像一味哗众取宠，语不惊人死不休。忽然，我似乎有点儿明白，也许我并不讨厌思想，我讨厌的是：为思想而“思想”的“思想”，尤其是那些装腔作势居高临下指点众生的“思想”。

终将湮没的我们

而今，越来越多小有所成或根本无成的人，凭一二机会，或电视或书刊，指手画脚地教导芸芸众生，左一口老百姓，右一嘴老百姓，好像他们全没姓，真想问问这些高高在上的无姓之人，你们是从哪块石头里蹦出来的。但我不想于此纠缠，我只想问，你们真觉得自己了不得？浩瀚宇宙，无尽时空，人类不过草芥沙尘。孔孟老庄，化蝶为仙；苏黄米蔡，灰飞烟灭。只不过，他们形虽去，神未灭，依托文化，延续在还愿意记住他们的人的心里。这些人对我来说，不多，却使我敬佩、景仰、感谢。因为他们让我懂得了存在的价值，使我在感觉活不下去的时候活了下来，以及在我终将被湮没之前，使我度过了有意义的岁月。

一片树叶和一堆树叶

写这个题目，是由于今天看完了《人民的名义》。西谚，一片树叶藏哪里好，藏进一堆树叶。这是比喻藏东西如何不被人发现。我引这话，却是比喻安全感。如果你缺乏安全感，就把自己化作一片叶子，藏进一堆叶子（大众）中，最安全。这也是苏轼的名句"万人如海一身藏"的意思。但当你有了足够的安全感后，又会产生不安分之心，竭力想把自己从这一堆叶子里拔出来。也就是说，躲进一堆叶子里，有足够的安全，和芸芸众生一起过平平庸庸的日子。但平庸久了，又不甘心，又想干一番出人头地与众不同的事，于是又往往陷入不安全。记得读史，有帝王被造反者斩首，临终时祝愿，后世子子孙孙勿生于帝王家。可这已是大刀朝脖子上砍去之时。在大刀未向自己的脖子上砍去，和皇帝的宝座向自己招手时，要做正确的抉择不容易。想来想去，唯有古时以天下为先的仁义君子和今日不忘初心理想尚存的志士仁人才可做到。

“人间遍地心灵店，天下何处不鸡汤？”

我爱吃馄饨，但不爱吃家对门小铺里的鸡汤馄饨，因为那只鸡上午煮完下午煮，老板娘总不抛弃它。所以我也很难享受某大师用心灵鸡汤煮成的国学。

其实，追踪大师的脚步而去，发现只要稍有国学知识，达到大师成就者，不难。将下列五法牢记于心，反复实践，即可。

一曰：虚张声势法。亦作咣当水桶法。俗话说，一桶不满半桶咣当。喻无真才实学而装腔作势。但反思，此正乃取巧的路数。正是明知不满，才要可劲咣当。曹丕讲，人大多“向声背实”。牛皮越大，越有人信。民性如此，没有办法。

二曰：朦胧带过法。此本是古代官吏写作司法文书时的术语。意指犯人供述案情时，遇到于己不利的情况，力图含糊过去，被这位大师聪明地在宣讲国学时移花接木了。

三曰：鱼目混珠法。先讲一个人们耳熟能详的典故，然后拉大旗做虎皮，把私货一股脑儿往里塞，反正上头有圣人的光辉罩着。

四曰：王顾左右而言他法。颇类今天领导回答记者问。对自己不熟悉的，能绕就绕，能躲就躲。实在绕不过躲不开，就装没听见。

五曰：一泻千里法。又作，脚踩瓜皮法。孟子文章以“无理”著称，以气势取胜。势如江海，一泻千里。大师当然没有圣人学问，也不屑学此。但学会了“气势”取胜。信口雌黄，随意胡抡。初听雄辩滔滔，古今中外。细察，却应了百姓俗语：脚踩西瓜皮，溜到哪里算哪里。

当然，煲鸡汤者，并非只此大师，现今时尚，只要有名利可得，即一哄而上。所以店铺遍地开花，鸡汤到处泼洒，连北大学府的老先生也不甘寂寞，抓住《论语》中圣人自嘲的几个字做文章，以搭上这班喧闹的车。

这一切让我联想到几个问题。

第一，熬什么汤都得有食材。心灵鸡汤的材料号称来自国学，国学的组成不外乎经史子集。若以时下来说，史部，时兴搞穿越，没法熬鸡汤；子部，内容太庞杂，熬不成鸡汤；集部，作诗填词，自娱自乐，整不出鸡汤。真正可以拿来熬鸡汤的，只有经部。经部里又仅有孔孟两家。孟子又只是亚圣，可谓二圣人。于是大师就主拿孔子开刀，对圣人心理进行透视，对圣人生活进行探秘，并把这一切在“弘扬国学”的美名中称作“发现孔子”。

第二，“弘扬国学”是个极其空泛的标语口号，标语口号从来不会错，不会错的原因就因为它是标语口号。为什么呢？因为它空、它大，什么东西都可以乔装打扮一番塞进去，犹如梁山泊的替天行道，关键看你能不能得心应手与时俱进地应用这个“天”和这个“道”。国学和孔子，人们不陌生，但大师翻出了新意，她有一句话：“孔子是有温度的。”这温度在哪儿，如何体现，细读大师著作，才明白大师在讲，孔子也有爱有恨，有悲有喜，有乐有愁，一样热爱生活追求享受。所熬鸡汤就是揭去圣人面纱，还其本来面目。

第三，难道大师之前就没人揭开圣人“道貌岸然”的面纱以测定其“温度”吗？当然不是。凡讲孔子者，必然涉及孔子的生活和感情。因为《论语》本身就是一部语录体的孔门弟子对老师的回忆录，并非专著、讲义、教材，不通过这些逸闻逸事谁也无法研究孔子。只不过专家学者的研究主要放在孔子的治国主张上，逸闻逸事也多从这里入手。大师则多选取挖掘孔子交游感情的逸闻逸事。如果做得好，合为一个完整的孔子，也会被人称道，大师做得如何呢？

第四，可惜，大师做得不好。做得不好的原因是，大师只取一两件事或只言片语就天马行空云山雾罩地挥洒起来，以至连龟兔赛跑也纳入了发挥的范围。采用五步作文法，熬成了一锅自己的鸡汤，就本质来说，与圣人无涉。这汤又给谁喝？是许多知圣人之名而不知圣人之实的受众，他们听后会想，圣人原来也这样丰富多彩啊！因为从文化上说，学问是令人敬畏的，因而也是枯燥的，由此圣人也是枯燥的。但大师化枯燥为热闹。热闹，就会引来许多乃至越来越多人的旁观。但这热闹是不是孔子，是不是孔子的真情实感，则不重要了。因为，目的已经达到。

第五，说到热闹，就让我想起现今不少人的授课或演讲方法。

他们的课往往很叫座，究其原因，俩字以蔽之，热闹；或一字以蔽之，花。要做到这两点，得有类似脑筋急转弯似的机智。比如你说“孔子是有温度的”，无非是要表达孔子也有世俗的喜怒哀乐。但如果你在课上说一句，“孔子也有世俗的喜怒哀乐”，学生听了，无非一句耳边风。但如果你说，“孔子是有温度的”，学生会觉得很新奇，有意思。不过，课上一片热闹，课后一片茫然，也是常有的现象。

第六，其实，讲课需要“花”，需要“热闹”，需要挖坑，布设陷阱。但所有这些，目的只有一个，就是通过这些手段把真正的知识灌输给学生。不过，现今能做到的人不是很多。究其原因，一句老话“有哗众取宠之心，无实事求是之意”，再问为何，无非功利心所致。当下社会一片浮躁，既然有出名快的途径，谁又耐烦坐十年冷板凳，一剑磨二十年？于是，“人间遍地心灵店，天下何处不鸡汤”？

苦了谁？苦就苦了对儒家文化半懂不懂而又心向往之的民众，也毁了靠教书育人吃饭的教育工作者。因为“榜样的力量是无穷的”。

最后，何时能无“哗众取宠之心”而有“实事求是之意”？难，难于上青天。不过即便如此，我还是想说那句老话“老老实实做事，本本分分做人”。这句老话如果把时间拉长到几十年光阴里看，还是不错的。

怪梦

昨夜，做了个奇怪的梦，天与地举行婚礼。森林树木就是男宾，挺拔伟岸；青草鲜花就是女宾，艳丽妖娆。群山献寿，江海吟歌。八方乐奏，缤纷花雨。日月同出，鸟兽欢腾。就是没有人类。

晨起，雾霾满天。

扬州美女

扬州盛产美女吗？答案似乎是肯定的。不过，在我到扬州之前很久，就知道扬州不盛产美女。

那是几年前我来到与扬州一江之隔的镇江，当地一位导游与我闲聊时说的。她讲话的大意是：江南水乡，气候宜人。六朝金粉，多出于此，没有疑问。但又有多少产自扬州？因此所谓扬州出美女是错觉。因为很大一部分美女并不是扬州人。古代扬州是运河码头，漕运要道，富商大贾云集。尤其是盐商，大多集于扬州。这是一。盐商们很少带家眷，孤身在外，有女人的需求。这是二。盐商有钱，能一掷千金寻欢作乐。这是三。生意场上离不开女人。结交官员拉拢关系，先衙门后饭馆，先秦楼后楚馆，这是四。所以扬州集中了天下很多有才色的女子。再加江南自古是佳丽之地，就有了扬州产美女的传说。

记得韩寒讲过这样的话：说北京美女多。北京美女是多。不过，没几个北京人。那又为什么外地美女都来北京了？因为北京是权力中心。有位英国人写过一本太平天国时期他在天京（南京）的亲历记。说有一个时期，他感觉天京城里的美女特别多。后来知道是太平军将所占各地有姿色的女子押解而来，供天王及以下各王采择备用。以此而论，天京就是暴力的中心。而扬州，以盐商之故，成为财富的中心。这里除了暴力有暂时性外，权力和财富却是恒久的，它们有个共通之处，即包含机遇。

当然，机遇，不仅对女子，对男人一样，特别是才子书生。王维《西施咏》“艳色天下重，西施宁久微”讲女人。同样是王维《洛阳女儿行》“谁怜越女颜如玉，贫贱江头自浣纱”喻寒士。女子要以颜值上位，书生要以才华进用。哪里才是价值中心？自然是京城、朝廷。

我一直有个观点：就是人不必怕失败，一定要在人生中跟些高手过招。如上擂台，做足功课，报上姓名，即便被高手打下去，踢下台，鼻青脸肿，颜面无光，也不要紧。因为你已经具备了好汉的气质，他日未必可知。这擂台从省市地县摆起，一路打来，京城是它的终点。

谈诗论文

生活本来如此

近读《中华读书报》“读书人语”栏目《文化的自足》一文，觉得是一篇对文坛现实情形鞭辟入里的好文章，对今日文艺逐渐滑向娱乐业而使文艺界中人感到身处名既不彰而钱又不至的两难境地做了传神的表达。但在文章的后半段，作者给那些纷纷效仿商人，希望招财进宝的文人们开出的药方，却令我不敢苟同，作者是这样说的：

> 想做一个真正的文化人应该从何处做起呢？……那就是：不效仿（商人），……不要对商人的生活方式有“大丈夫当如是”之叹。……这也不是说文化人可以不在乎，不重视金钱，钱还是要重视的，至少要做到自养，自养才有自由。……文化人要把文化本身当成最高的目标，……达到一种文化的自足，在金钱价值体系之外建立起文化的价值体系，文化的体系与金钱有交叉但又不为其所覆盖。……才能在任何物质化的力量面前建立起自己真正的自尊。

这段话里有三个意思：第一，文人不要效仿或向往商人那种灯红酒绿的生活方式。第二，文人也要多挣钱，起码要达到自养，因为自养才能自由。第三，文人要把文化本身当成最高目标，以在金钱的价值体系之外建立起虽有交叉而基本独立的文化的价值体系。

我以为作者这三个意思的出发点都是好的但却脱离了现实，因此是不可行的。

第一，文人要效仿的商人的生活方式是什么呢？作者说："挥金如土的高消费，效仿其名车豪宅的生活方式，效仿其红袖把盏的艳福。虽然有时也明知道达不到商人的水平，但也要往那个方向努力。有了这种仿效之心，文人就有了商人的灵魂，文化人的许多丑态与恶行就由此而生。"作者这段话中有两个疏漏，一，商人作为一个群体来说，既有其骄奢淫逸的一面，也有其勤勉诚实的一面，有许多大富翁的生活方式倒还是相当严肃、节俭且劳苦的。作者把文化人的丑态与恶行与商人的灵魂联系在一起，似乎还停留在"无商不奸"的这一层面上。二，同样，文人作为一个群体，即以物欲横流的今日来说，也还基本固守在传统的道德阵地以内。其原因，从客观上讲，是他们的所长与职业限制了他们；从主观上看，也缘于在我们这样一个传统文化根基深厚的大国，一般人对文人还是较为尊重的。以绝对数字来说，除去极少一些不争气的文人外，又有多少人天天想着名车豪宅红袖把盏而向阔佬们献媚争宠呢？

第二，作者指出，文人必须挣到足够数量的钱以自养，因为自养才能自由。那么这自养的界定在哪个标准呢？作者画的线是"靠教书与基本稿费也不至于挨饿”。我明白作者“挨饿”这个界限带有调侃的味道，但既是调侃，也就自然失去了它的意义。那么，文人的自养究竟需要多少银子呢？众所周知，当今每一个人都需要买房，看病，养老，这是自身，此外，上有老人要赡养，下有孩子要抚养，加在一起已是不少。再者，经济在发展，谁又能永远安于小康而不希望富足？作者的意思其实是，自养的尺度是以不出卖自己的文化良知与文化人格为限。而以此为限则又与挣多少钱无关。挣得多，不见得不出卖；挣得少，也不见得就一定出卖。所以，这实际上是一个文人的道德操守问题，而非自养的问题。

第三，我们能够建立起金钱价值体系之外的文化的价值体系吗？这里首先要弄清金钱与文化的关系。我以为，从某种意义上讲，文化产生于精神追求，但当它最终形成物质形式时，则必以金钱为媒介而形成社会对其价值的认定。比如说，凡·高的作品，他在世时卖几十元还卖不动。也许有人会以此而反驳我，那么这价值就是凡·高艺术品的价值吗？可别忘了，今日凡·高的作品卖到八千万美元的天价，正是金钱造成的这前后巨大的反差才在最广泛的人群里形成了对凡·高艺术的追认以及对他生前落魄的慨叹。人类生活需要交易，交易需要市场，市场造就金钱，金钱绝不是坏东西。两千多年前孔圣人就表示过对见义勇为者不能只给予精神奖励，也应给予物质奖赏，今日也正是如此。道义乃文化之核心，且如此，又有什么可游离金钱之外而独建一套文化的价值体系呢？经济基础决定上层建筑，金钱，不过是量化的经济基础，由这上说，我们就是被金钱的价值体系所覆盖，而非独立或交叉。

有人可能要说，你说作者开出的药方不灵，那么你有什么灵丹妙药？我的回答也许让人泄气，只能凭各人的经济实力和道德良心。但我明白一点，我既不会被极少数文人的自甘下贱而激怒，也不会为绝大多数文人的道德自律而赞美。因为，生活本来如此。

从“尤物”说开去

《西厢记》的故事情节源自唐元稹的《莺莺传》。据史载，《莺莺传》中的女主人公实有其人，也确与男主人公张生，即元稹，有过一段缠绵的感情。但与《西厢记》大相径庭的是，张生得到莺莺后不久就抛弃了她，而莺莺则说了番广为流传的名言：“始乱之，终弃之，固其宜矣。愚不敢恨。”

张生为什么要抛弃莺莺，《莺莺传》中他有这样的解释：

“大凡天之所命尤物也，不妖其身，必妖于人。使崔氏子遇合富贵，乘宠娇，不为云，为雨，则为蛟，为螭，吾不知其所变矣。其殷之辛，周之幽，据百万之国，其势甚厚。然而一女子败之。溃其众，屠其身，至今为天下戮笑。予之德不足以胜妖孽，是用忍情。”

所谓尤物，即美貌的女子。张生这段话里有这样几个意思：首先，美女因为她的美貌，或是妖孽，或有成为妖孽的可能。其次，作为妖孽的美女，如果一旦乘云腾雾飞到君主身边，破国亡家指日可待。最后，归到自身。因为道行不够，不能镇住妖孽，便得及时斩断情丝，远离尤物以避祸。张生立论的根基很明了，美女即尤物，尤物即妖孽，妖孽者，即俗语所称之妖精。

妖字从女，正反映了传统中对美女的两种心态，一是追求，二是防范。追求，是因为妖艳、妖媚、妖娆。所以人见人爱，秀色可餐。防范，是因为妖精、妖物、妖孽。所以迷情乱性，破国亡家。从而导引出男人对女人的做法也有两种。

一种如张生，与这样的美女，即莺莺，逢场作戏一夜风流，可以；而娶之为妻，则万万不行。因为道高一尺，魔高一丈，道行不够不足以镇住妖孽。另一种如帝王，干脆杀掉。历史上著名的如汉武帝杀钩弋夫人，还有不那么著名的唐宣宗，见于《唐语林·卷七》：

> 宣宗时，越守进女乐，有绝色。上初悦之，数日，锡予盈积。忽晨兴不乐，曰："明皇帝只一杨妃，天下至今未平。我岂敢忘？"召诣前曰："应留汝不得。"左右奏，可以放还。上曰："放还我必思之，可赐鸩一杯。"

由此可见，男人对女人，可以狎之、亲之，也可远之、弃之，甚而杀之。而时论对此则是一片称许之词，如张生，《莺莺传》中道："时人多许张为善补过者。"《唐语林》中虽未对宣宗做论断，然其言外意，仍以其杀掉"尤物"为圣明天子，只不过处理手段略过了些。

如果说，这是上层社会有权势有地位的人对美女的态度，那么下层社会对此也有许多不谋而合者。拿著名的《水浒传》做例子，其中那些女英雄，基本上不仅没女人相，也没女人味儿，一听绰号便知，如母夜叉孙二娘、母大虫顾大嫂等。而既有女人相又有女人味儿，如潘金莲、潘巧云、阎婆惜诸人，全是淫妇荡女，最后结局一概非杀即剐。

应该说，“女人祸水论”在传统文化中暗流汹涌了几千年。

时至今日，它的影响仍在。《不要跟陌生人说话》等电视剧以及生活中的许多真实案件，都由此萌发。因为你生得美，所以追求你。因为你生得美，所以看守你。因为你生得美，所以杀死你。我得不到、守不住，别人也休想染指，简单的逻辑中有着丰富的内涵。甚至一些民谣也从反面宣传美女祸水论，如说自己的妻子：“别人看着恶心，自己看着顺心，出门在外省心，搁在家里放心。”这其实也是一种变个调儿的美女祸水论，反映了传统观念在民间的巨大影响力。

由此，我觉得，女性的真正解放，全社会对女性的真正尊重，需要从内心深处将女性从“物”还原为“人”。除去“物”欲，扫尽“妖”氛，方为正道。

黎明静悄悄

《这里的黎明静悄悄》这本小说对我来说，似乎有磁石般的吸引力。前天，我又在电视前看了根据这部小说拍摄的同名电视剧，这也是第四次看了，看完正是子夜过后的两点。我知道，电视台不会将黄金时段给它，因为它太老了，它那个时代似乎也太遥远，所以只能在夜深人静后作为一个点缀出现，像午夜时悄然划过夜空的一颗流星。

然而对我来说，它永远新鲜，它并不遥远，它也不是午夜时的流星，而是光明灿烂的北斗，照耀我在漫漫的人生长途上奋力前行。

情节我早已烂熟于心，苏联卫国战争中妇女们走上了战场，五位少女，牺牲在俄罗斯辽阔的山野里。一个平凡得不能再平凡的故事为什么会那样长久而持续地打动我？

这些姑娘中，最吸引我的，是班长丽达。她高身材，大眼睛，目光如水，既清澈又宁静。大概是战争残酷与时时面临的危险，她的面部表情有了这种年龄的姑娘所不具有的忧郁凝重之色。而时时紧闭的嘴角，似乎要把女性天生的温柔深深隐藏起来。在五位姑娘中，也只有她结了婚，但丈夫已战死，后方有患了重病的母亲和年幼的儿子，但她仍然扛起了枪。当然，这里面有一个原因，参军后，她便可以将自己节省下来的一些食物带给母亲和儿子。

战场上，她最坚定沉着，面临死亡时也最感人。当她身负重伤躺在树下时，嘱托瓦西里将来可能去看望一下她的母亲和孩子。听到肯定的答复后，她平静地吩咐道："把我用树枝盖起来！"随后，走出不远的瓦西里听到一声枪响，当瓦西里奔回时，看见滚落在丽达身旁的手枪，看见丽达至死未闭的眼睛，正遥望着祖国的蓝天。

多少岁月过去了，战火和硝烟早已荡然无存，这片山野宁静又美丽，于是，一群少男少女来到此处寻找快乐和爱情。他们在湖畔和山野间野餐和嬉戏，唱起了充满梦想的歌曲："在那遥远的星空，我追寻着爱人的眼睛。风在轻轻将你呼唤，带着我忧郁的歌声。噢，篝火燃亮了田野，可我在何处能看到你的身影。……"但在欢歌笑语中，他们却碰到一件不如意的事情，不远处有两个人影总在那里像幽灵般游动。"咱们去看看他们在干什么。""对，把他们赶走！"青年们说着来到两个"幽灵"出没的地方，原来这是一个鬓发苍苍的老者和一位高大英俊的青年军官，他们正在动手建立一座小小的墓碑，碑上镌刻着当年战死于此而长眠地下的五位姑娘的名字。老人就是瓦西里，而青年军官则是丽达的儿子伊戈尔。读了碑上的文字，这群年轻人的神情一下子凝固了，他们庄重地沉默着，一位黑发美少女跪下来，向墓碑合起双手。没人讲话，没人走动，只有穿林而过的风声，这里的黎明静悄悄，静悄悄……但我眼前，似重又燃起硝烟战火，耳边警号长鸣……

说“闲愁”

《西厢记》头一本《张君瑞闹道场·楔子》中，莺莺一上场即唱道：“花落水流红，闲愁万种，无语怨东风。”

意思是看到落花被水漂去，引起自己无限愁思，因而怨恨东风吹落花朵。

表面看，真是典型的“闲愁”。不过，“闲愁”真是“闲”出的“愁”吗？

李清照《一剪梅》下阕：“花自飘零水自流，一种相思，两处闲愁。此情无计可消除，才下眉头，却上心头。”再如《声声慢》：“梧桐更兼细雨，到黄昏、点点滴滴。这次第，怎一个愁字了得！”

其实，世间并无“闲愁”。莺莺以国色天香待字闺中。然而今日之鲜花即明日之落花，看到落花流水，便引起对自己未来的担忧，所以，怨东风太无情。可即便嫁了如意郎君，如李清照，“闲愁”却也依然。分离使二人“一种相思，两处闲愁”，“这次第，怎一个愁字了得”！

话虽如此，可人们仍将其当“闲愁”看待，这是为什么?

这是因为在生活中，作为广大的一般人，讲到愁，都是实实在在“要命”的愁。如缺衣少食，饥寒交迫；父老子幼，无力赡养；疾病缠身，无钱买药。因此，待字闺中和两地相思的愁，当然属“闲愁”。更何况，引动这两位贵族妇女愁思的引子还是“落花流水”与“梧桐细雨”。

但我以为，人生中除去“真愁”，是存在许多“闲愁”。这许多“闲愁”，其实就是我们的感觉。例如我们对韶华流逝的无奈，对往昔岁月的怀念，对如水逝去的时光中某个场景、某个人物、某段天气、某句话语，甚至某个只可意会不可言传的眼神，某种若有若无影影绰绰的暗示的思恋，合成我们对人生整体的不满足的愁。这种“愁”，被欲望推动着，永远不会消解，永远不会穷尽，我们也就永远有许多“闲愁”。

所以，庄子说：“人之生也，与忧俱生。”这里的忧，就是既有真愁，又有闲愁。真愁、闲愁，构成我们人生丰富多彩的“愁”。

“醉”和“懒”

《武林旧事·卷三·西湖游幸》载，南宋淳熙年间，上皇游西湖，见断桥边某酒肆甚雅洁，店内素屏风上有人书《风入松》词一阕。词云：“一春长费买花钱，日日醉湖边。玉骢惯识西湖路，骄嘶过、沽酒垆前。红杏香中箫鼓，绿杨影里秋千。暖风十里丽人天，花压鬓云偏。画船载取春归去，余情付、湖水湖烟。明日重携残酒，来寻陌上花钿。”上皇称赏良久，问何人所作，答曰：太学生俞国宝。上皇笑道：此词甚好，但末句未免儒酸。因为改定云：“明日重扶残醉。”果然生色不少。

“重扶残醉”确实比“再携残酒”更上一层楼。重携残酒太过写实，而且写的是文人的穷愁潦倒。重扶残醉，是一种虚化，描绘文人的风流潇洒，当然高下立判。

不过我觉得从斟词酌句虽可以如此说，但此词格调不高。因为，从词中感情来看，不外是及时行乐。美景美酒美妇使人时时沉醉，日日流连，“再携残酒”的穷酸也好，“重扶残醉”的潇洒也罢，不过五十步与百步。这样的“醉”，消磨人的意志，毁坏人的精神，使人沉溺不能自拔。而若再以此为风流、俊逸，真可使败家亡国。也就难怪时人讽刺道：“山外青山楼外楼，西湖歌舞几时休？暖风熏得游人醉，直把杭州作汴州！”

好酒是一面，好色是另一面，酒色从来携手同行。词中“红杏香中箫鼓，绿杨影里秋千”“暖风十里丽人天，花压鬓云偏”“来寻陌上花钿”无不透出浓浓的脂粉气。而作为女子，或是作为旧时文人眼中最有吸引力、最娇媚的女子，除了固有的容貌体态外，有一点儿不可或缺，这就是“懒”。

这里的“懒”，并不是懒惰，而是作为一种娇媚的“懒”，即娇懒。实际上，这是一种娇态。词中对这种娇态的描绘非常之多，比如素负盛名的温庭筠《菩萨蛮·小山重叠金明灭》“小山重叠金明灭，鬓云欲度香腮雪。懒起画蛾眉，弄妆梳洗迟”，就是非常典型的“娇懒”。与懒同义，有“慵”。慵懒出娇柔，这点连《红楼梦》中薛蟠薛大傻子也会欣赏，他作歪诗咏美女还知道用上“朝慵起”。

文人醉酒，女子求媚；文士携酒追欢，陌上寻花问柳；女子懒起画眉，人前娇慵作态，确为末世之写照。

宗 “春”与“秋”

唐代诗人刘禹锡有《秋词二首》其二云：

山明水净夜来霜，数树深红出浅黄。
试上高楼清入骨，岂如春色嗾人狂。

在刘禹锡看来，秋色胜于春光。秋天一至，水净山明，树树金黄。尤其难得的是秋天有一种彻骨的清气，比起春色强了许多。

为了说明春色的坏处，诗人非常形象地用了一个字“嗾”。

何谓“嗾”？指人在指使狗时发出的叫声。“春色嗾人狂”，意即春天像使狗般令人发狂。乍看出乎常理之外，细想却在情理之中。

春天，是萌动的季节，是美好的季节，是万物生息繁衍的季节，看一看春的组词：春愁、春心、春意、春情、春宵、伤春、惜春、怀春、春梦、春风一度、春宵一刻、春风十里扬州路等，而春的景色特征也正是“艳”，由春晖、春花、春草、春水、春云、春雨合成春深如海、春色无边、春光灿烂，由此而及人间男女，则又化成春愁、春情，如《牡丹亭·惊梦》一折中杜丽娘唱：“原来姹紫嫣红开遍，似这般都付与断井颓垣；良辰美景奈何天；赏心乐事谁家院？”感叹自己的青春年华也同眼下这大好春光一般被锁于深宅大院，并由此“没乱里春情难遣，蓦地里怀人幽怨”。春天的力量无法抗拒，正如杜丽娘在此折起首唱的两句“梦回莺啭，乱煞年光遍”。即梦醒莺啼，撩乱人心的春光又来了。撩乱春光，撩乱人心，这就是“春色嗾人狂”的原因。

而秋，似乎刚好与此相反。秋风、秋云、秋雨、秋水、秋山、秋树、秋草、秋蝉合在一起秋风萧瑟、秋声满耳、秋高气爽，由此在人心中引起这样几种感觉：第一是飘落凋零；杜甫，“无边落木萧萧下，不尽长江滚滚来”；第二是离愁别绪；宋玉，“悲哉，秋之为气也”；第三是感时伤世；骆宾王，“西陆蝉声唱，南冠客思深”；第四是悲歌慷慨；秋瑾绝命诗，“秋风秋雨愁煞人”。而秋景也有几个特点，第一，景象阔大，意境沉雄；李白，《菩萨蛮》“西风残照，汉家陵阙”。第二，肃杀万物，凄清入骨；杜甫，“风急天高猿啸哀，渚清沙白鸟飞回”。第三，空明澄澈，美好婵娟；王建，“今夜月明人尽望，不知秋思落谁家”。

所以，春景以艳丽取胜，秋景以风骨见长；春景以色怡情，秋景以气励志；春景易欢娱，秋景多深思；春日伤春，多伤男女离愁别绪；秋日悲秋，多悲文士夙愿难酬。秋日登楼远望，顿感四围澄澈明净，心情肃然深沉，思想阔大遥远；春日登楼，则四围桃红柳绿，心情放荡不羁，思想飘浮不定。“春色嗾人狂”，即指香软浓艳的春色，会使人轻浮若狂。

其实，人们既离不开秋，也离不开春，更无从论谁优谁劣。四季的运行，自然风光的万千变化，最后都汇入一个人个体的认知、体味、判断、行动之中。春景秋景的变化不因人而生，不因人而灭。春景也有极其壮阔的，如，杜甫“锦江春色来天地，玉垒浮云变古今”。也有极柔弱的，如李商隐“相见时难别亦难，东风无力百花残”。秋景雄浑悲壮的如毛泽东“西风烈，长空雁叫霜沉月”；也有很温和的，如秦观“金风玉露一相逢，便胜却人间无数”。

但就个人来说，我更偏向一些秋。喜欢秋风秋色带来的“清入骨”的感觉。在如今这个争奇斗艳甚嚣尘上的世界，这种感觉令人清凉沉静。

“清”字解

许多用于文学上的词汇，想明白地给出一个确定、清楚的含义，几乎不可能，因为，它只是人们的一种感觉，例如“清”。

清，从不单用，可由它修饰的字词非常多。如清秀、清瘦、清纯、清香、清凉、清爽、清新、清澈、清风、清影、清景、清供、清赏、清丽、清正、清高、清贫、清官、清荫、清澄、清芬、清狂、清谈、清静、清真、清越、清歌、清操、清逸、清光等，这些词语，意义千差万别，如清秀、清丽、清瘦，指形貌；清纯、清狂、清真，指气质；清凉、清爽、清新、清香，指感觉；清澈、清澄、清荫、清风、清光、清景指事物；清芬、清正、清高、清贫、清官、清操指道德操守；清供、清赏指雅趣；清越、清歌指声音之美；清逸、清影指身形之美；两袖清风指做官，一清二白指做人。清，无所不在，连《西厢记》中莺莺在十里长亭送别张生时，抒发离愁别绪，还唱道：“昨宵今日，清减了小腰围！”

这些词语无所不包，几乎所有事物都可以用“清”来修饰。那么，这“清”字到底是什么？

在我看来，清，首先是一种氛围。犹如驾一叶扁舟，月夜游于江湖。四望烟波浩渺，水天相连，一片空明澄澈。其次是一种心态，宁静恬淡。“清”与“静”密不可分。凡是与躁动有关的词语，用的都是“轻”，而与“清”无缘。如轻浮、轻狂、轻佻、轻躁乃至轻信等。最后，将空明澄澈的境界和宁静恬淡的心态结合起来，便形成一种最难达到的美好。所以，“清”给我们明净、凉爽、纯洁的感觉，使我们适意，让我们追求，令我们仰望。因而，“清”是对美好的一种期待，也是审美的一种标准。

清，其实融合了我们对人间和自然的所有希望。美好世界，美好自然，美好人生，都笼罩在一派清光之中。正因为人们要表达这种想法，所以，又有“浊”字来与之相对，以表达人们的扬弃。

洞仙歌

《红楼梦》第二十三回“《西厢记》妙词通戏语，《牡丹亭》艳曲警芳心”中，讲黛玉在大观园里听人唱戏文《牡丹亭》“游园”一折，听到“则为你如花美眷，似水流年”，不觉“心动神摇……如醉如痴，站立不住”。

只这一句为何能将林黛玉神魂颠倒如此？全在“似水流年”。

苏东坡有《洞仙歌》一阕，曰：

> 冰肌玉骨，自清凉无汗。水殿风来暗香满。绣帘开，一点明月窥人，人未寝，欹枕钗横鬓乱。起来携素手，庭户无声，时见疏星渡河汉。试问夜如何？夜已三更，金波淡、玉绳低转。但屈指西风几时来，又不道、流年暗中偷换。

此词讲宋时蜀王孟昶与花蕊夫人夏日夜起避暑于宫中摩诃池上。上阕讲花蕊夫人的形貌和夜景，人是冰肌玉骨，绝世佳人；景是水殿暗香，明月临窗；情是绣帘斜揭，钗横鬓乱。

下阕则写意境和哲理。风来水殿，月到中天，二人携手共游，庭户无声，只见流星一霎而过。三更已至，但仍不愿归寝。屈指算秋风何时来消去暑热。然而，秋风来时，一年也就到了快要终结的时候，岁月便在此不知不觉“偷换”。

人在暑热难耐之际，思秋凉早至。但当秋凉至时，光阴也就转了一轮。夏尽暑退，人随秋老。得了这个，去了那个，人生中永远没有十全十美的事。人总是在现实的不如意中幻想未来的美境，而未来的美境即便来时，也会变化了一些条件，这些条件仍会给人带来种种缺憾，循环往复，永无止息。而在这样的周而复始中，岁月流逝，生命终结。

林黛玉感慨自己空有美貌而难遂所愿，青春韶华年复一年如流水消逝，不觉“心动神摇”。而假设遂了心愿两情相悦如孟昶与花蕊，也有“流年暗中偷换”的无奈。南宋词人蒋捷《一剪梅·舟过吴江》“流光容易把人抛。红了樱桃，绿了芭蕉”正是此意。

“小轩窗”说“小”

苏轼悼念其妻王弗的名作《江城子·乙卯正月二十日夜记梦》“十年生死两茫茫”，人们耳熟能详。千百年来，种种评赏，见仁见智，各臻其妙。我觉得其中最好的地方是“小轩窗”的“小”。

“小轩窗”假如换成现代的落地窗、大玻璃窗固然诗味全无，就是换上绮窗、花窗、明窗也无诗境，唯有“小轩窗”才将苏轼对亡妻的挚爱深切有力地表达出来，那么，“小”给人什么样的感觉？

“小”给人亲切可爱甚至明净纯洁，不受世间污染的感觉。人们对于现实中一切相对弱小而又单纯的事物怀有一种几乎是天生的喜爱，并由此产生亲近它们的愿望。如对小猫小狗、小鸟小鱼、小草小树、小山小河，当然也包括对我们子孙的称呼，如小孩儿、小人儿。因此，即使在表面上看来无生命的“窗”，也因其“小”，而在诗人的眼中化成有感觉的“小轩窗”，与“正梳妆”合在一起表现妻子的美好一如既往，而用来衬托自己今日心境的无限苍凉。

其次，小而精巧，大而壮阔，是人生审美的两个极致。而实际生活中，人们对美的审视，往往“小”多于“大”。这是因为大而疏离，小而亲切。无论人生还是自然，轰轰烈烈波澜壮阔的少，平平淡淡寻寻常常的多，“小”比“大”更贴近人们的现实。

贵为天子大概也不能“免俗”，唐颜师古在《隋遗录》中（鲁迅校录《唐宋传奇集》卷六）载有《小窗》一诗，诗云：

午睡醒来晚，无人梦自惊。夕阳如有意，偏傍小窗明。

远方夕阳闪烁在静静的小窗之上，人则沉浸在一种慵懒、惺忪、蒙眬的舒适之中。《小窗》诗体现的是平凡生活中的平淡之美，唯其平凡平淡，才觉亲切，才有了流传吟诵的可能。

“燕子楼”说“燕”

苏轼《永遇乐·彭城夜宿燕子楼》一词，题：

彭城夜宿燕子楼，梦盼盼，因作此词。

词曰：

明月如霜，好风如水，清景无限。曲港跳鱼，圆荷泻露，寂寞无人见。紞如三鼓，铿然一叶，黯黯梦云惊断。夜茫茫，重寻无处，觉来小园行遍。

天涯倦客，山中归路，望断故园心眼。燕子楼空，佳人何在？空锁楼中燕。古今如梦，何曾梦觉？但有旧欢新怨。异时对黄楼夜景，为余浩叹！

燕子楼在彭城（今江苏徐州）。传说此楼是唐时尚书张建封为其爱姬盼盼所建。盼盼能歌善舞风姿出众。张建封死，盼盼念旧爱而不嫁，居燕子楼中十余年。二百多年后，苏轼知徐州，某夜居燕子楼，因梦而有此作。

词上半阕写园中夜景：月色明亮，皎洁如霜；秋风徐来，清凉如水；曲港跳鱼，泼剌有声；圆荷泻露，晶莹剔透。然深沉秋夜中，一片叶落，却如三更鼓响。梦醒惊艳，心底一片迷茫。

下半阕苏轼从身世遭逢生发出对宇宙人生的深远思考。头三句讲现实中自己的仕途不顺，异地飘零，不得归乡。然而，作者马上将历史与现实联系，在时空转换中问道："燕子楼空，佳人何在？空锁楼中燕。"意思是，如今的燕子楼早已空空荡荡，当年风雅而多情的盼盼又在何处？楼中恐也就只有燕子还在繁衍栖息。

沛然而出的是无限的沧桑感。

每个人，当作为个体的时候，他都会觉得自己所遭逢的、周围与他有关的，甚至有些与他无关的，都使自己在精神上受到各种困扰而难以自拔。然而，假如他能从其中脱身，进入到浩瀚无际的时空，便会有一种消融般的轻松。眼前，作为人间遗迹的燕子楼还在，而楼中犹如燕子般美妙的佳人早已灰飞烟灭，如今进进出出的只有大自然中的燕子。这就是自然的规律，不可抗拒。可人们能明白吗？于是，苏轼感慨道："古今如梦，何曾梦觉？但有旧欢新怨。"人们之所以不能从大梦中觉悟，只因欢怨之情的缠绕牵系。回到现实苏轼再问，今夜，我为燕子楼浮想联翩；他年后，可否有人在我所建的黄楼前为我发出浩叹？

燕子楼是沧桑的记载，佳人是沧桑的瞬间。人生如梦，却难以梦觉，只因旧欢新怨不断。如今，千年已逝，当我在此深夜，为苏轼浩叹，谁又知，千年后，后人还可为前人浩叹？

“人面桃花”与“去年今日”

唐崔护《题都城南庄》诗：

> 去年今日此门中，人面桃花相映红。人面不知何处去，桃花依旧笑春风。

这首诗被誉为千古绝唱。绝就绝在它体现了人们对可遇而不可求的机遇所产生的无限留恋。其中最主要的是“人面桃花”和“去年今日”，一切想象和失落全由此展开。

用桃花与人面相比，早已有之。《诗经》“桃之夭夭，灼灼其华”，春日桃花，妙龄少女，合成一种灼人的艳丽，想象即由此而起。

给想象插上梦的翅膀，却是双方未曾进行任何接触。

也许每一个人，都有过这样一种人生体验：在偶然、不经意的情况下遇到某种美好的事物却当面错过，当自己事后再去追求时，却再也不可复得。因为是在回忆已经失去的美好事物，所以回忆更显得特别珍贵。又因为这回忆的特别美好，因此也就特别感到失去后的惆怅。此时，“人面桃花”便从美好的象征成为失落的象征。而失落，往往是一种刻骨铭心的感觉。

“去年今日”则把对“人面桃花”的失落带向广阔的时空。“桃花人面”在永恒的时空之间是渺小的、不定的、不可捉摸的。我们在人生中常会遇到虽然同地同景而人已不再，或人已不同。生活的飘忽和无常令人无法抗拒，而这也正是生活吸引我们的所在。假如作者与“桃花人面”一见如故两情相悦终成嫁娶，那么，人世可能多了一段美满的姻缘，却失去了令人荡气回肠反复吟咏的佳句。假如人生一切顺利，就没有顺利；假如未来可以预期，未来也将无趣。我们惧怕失落，担心失去，但正是失落使我们深刻，失去使我们珍惜。人生在时空场景的辗转移挪之中，才会五光十色丰富多彩，留下许多不同的感觉令我们咀嚼。

“去年今日”的“人面桃花”是一段不了情。这一段“不了情”不了了上千年，影响了一代又一代人。由此，我们理解到，失落的影响深远，想象的力量无穷。失落和想象带给我们的，正是深藏在人心中最美好的感情。

“望极春愁，黯黯生天际”

北宋词人柳永《蝶恋花·伫倚危楼风细细》词上阕：

> 伫倚危楼风细细，望极春愁，黯黯生天际。草色烟光残照里，无言谁会凭阑意。

“望极春愁，黯黯生天际。”这句最能触动人的情思。对柳永这句词的解释，一般都指“春愁”由下文的芳草引起，芳草又引起下阕的相思之愁，结论为怀人念远。

那么，怎样讲才有韵味？我觉得无论是诗是词，都不能用实证的方法去讲，只能用心去做某种沟通。诗词必须用虚去体会，需要讲实的地方，也是用实的东西，如人名、地名、事件来服务于虚。那么什么叫虚？就是诗词或为你提供一个极为广阔可以任你驰骋想象的世界，或为你提供一个可以多方玩味的心境，或为你提供某个极为复杂可以反复咀嚼的感觉。诗词的作用本来就是如此，一首好诗好词，可以从不同的各个方面满足各种人们不同的感受并使之击节称赏，原因也正在此。

那么，“望极春愁，黯黯生天际”有何好处？“望极春愁”是柳永的个人思绪。但我喜欢“黯黯生天际”。我居高处，常临窗望远，最能引起沉思的就是天极远处那一派漫漫的青白色。

“黯黯”显得深沉、空阔、遥远；“生”，带出一种苍凉雄浑风生水起的气势，天际那沉默无语而无边无际浩荡无涯的青白色正是如此。

天际的颜色，总能带给我无限遐想。它像过去的一片云烟，云烟中的一段往事，往事中的一段回忆，回忆中的一个幻想，幻想生成了一个梦。又像说不清道不明想不清楚的未来，像深沉午夜中的一波风雨，像风雨过后的一段黎明。像某段话语，某个希冀，某个人影，某个情景，某种场合，某个心境。你可以在其中看到逝去的、发生的和将要发生的。它风起云涌波诡云谲变化无穷。其实，它是一个隧道，是一个人类无法掌握因而也感慨无穷的时空。

柳永这首词确实很美，危楼远望，无边春愁从天际黯然生出；草色生绿，绿色生烟，草色烟光一碧于金色落晖，既凄迷又亮丽。不过我更觉得他以“黯黯生天际”引起了我对天际空茫迷蒙颜色的无穷联想，进入个人任意发挥想象的空间。

千江有水千江月

宋《嘉泰普灯录·卷十八》有句：

千江有水千江月，万里无云万里天。

月映百川，每条江河中都有一个月影。月影虽互异，却都是月的照射；长天中乱云飞渡，但拂云去翳，天空原本一片明净。诗中歌颂佛教，以此比喻佛光普照万法归一。不过我引用这两句诗的目的不是宣讲佛法，而是借此指代我们的传统文化。

在西方思潮和市场经济的双重压力下，传统文化似乎受到了前所未有的冲击。我在自己执教的大学里开了门“中国传统文化”选修课，选者不少。有意思的是，每位同学都表示自己喜欢、热爱并渴望进一步了解传统文化，但同时也都认为当代大学生对传统文化从整体上说已丧失兴趣，传统文化危机重重。同学们在提交的论文中认为：现今诗词歌赋被流行歌曲代替，琴棋书画被西乐、动漫代替，四书五经被外语四六代替，传统节日被西方节日代替，礼义廉耻被拜金主义代替，气节情操被奴颜婢膝代替，齐家治国平天下被买房买车赚大钱代替等。面对如此情形，有的同学要求：“风雨如晦，鸡鸣不已。士大夫，起舞！”有的同学号召：“民族音乐，起来！”但也普遍认为，传统文化的复兴任重道远，有同学指出：“以儒家为主的中国传统文化已陷入生存危机，而且还在不断恶化。黄河水中流走的是我们中华民族的生存之血，现今时代潮流冲走的是我们民族精神的元气与血脉。中国传统文化，路在何方？”

路在何方？我认为，路，就在脚下。我对传统文化的看法并不如此悲观，因为传统文化早已融于每个人的心中，只不过“日用而不知”。比如有人在路当中扔块香蕉皮，让你滑个大跟斗，爬起来，你不假思索脱口而出的一句话就是“谁这么缺德”？“德”，经孔子倡导后成为传统文化的核心，有德还是缺德今天也还是对人的评判尺度，并引导出用“君子小人”这样的古汉语来给时下人定性。而中庸之道，作为生活中不偏不倚的最佳选择，是古今中外所有人的共同追求且施行于社会生活上上下下各个方面。朝令不能夕改，政策要有一定的持续性，也是国家政治制度的基本准则。许许多多古人的道德伦理聪明智慧，今人仍在继承，但又不自觉，这就叫“日用而不知”。所以说，一个民族的文化传统就是一个民族的基因，它不自觉地流淌于每一个人的血液中，支配你的灵魂，左右你的行动。

然而，我们的传统文化也切切实实遭到了巨大冲击，起码在表面上给人以衰而不振的感觉，甚至使某些学生感到“奄奄一息”“日暮途穷”而发出“拯救我们的传统文化”“传统文化不能否定、也否定不了”等带有悲壮色彩的号召。这里的原因我想大概有这样几个。

一是没有通俗而深入地阐释儒家道德，例如忠孝节义。忠，忠于国家；孝，孝敬老人；节，讲气节重操守；义，讲信义重坦诚。只要将其中某些封建糟粕去掉，都称得上是万世不移的做人准则。可现在少有人将这些古训与现实联系起来分析讲解，以致使青年们将忠孝节义误当作封建社会的陈词滥调而不屑一顾。二是由于几十年的相对封闭而导致现今人们急于与国际接轨，结果使青年们在并不真正了解传统文化的情况下，将我国古代文化与西方近代文明做不对称对比，从而得出错误论断。三是在如今时兴对各种思想概念进行重新梳理厘清的情况下，很少有人对传统文化中的精华糟粕进行新的正本清源，还其本来面目，以致使许多青年将“君要臣死臣不得不死，父要子亡子不得不亡”，也算在孔孟名下。四是当前市场经济某些急功近利的做法，使一些青年认为古人的许多道德观念陈旧迂腐，不切实际，难以和现实生活契合，这样会使他们在眼下的竞争中处于劣势。五是因为古今相隔的关系，语言文化本来就有很大差距，而应试教育人为地进一步扩大了这个距离，导致学生对传统文化从知之不多到知之甚少再到逐渐冷漠最后丧失兴趣。

那么，我们的传统文化真要没落了吗?

当然不会。传统文化一方面是前人生存的结果，另一方面也具有知识价值的意义，是前人生存活动的智慧结晶。传统文化还具有联系社会生活的各个方面、使社会前进的各个阶段保持密切联系和协调发展的作用，是社会进步的基因。因此，传统文化总要影响我们，是我们进行思维的前提；同时，我们也在用自己的前沿思维，参与着传统文化的创造。这样就使得传统文化每时每刻都处于更新与改造当中，避免了传统文化的僵化。当下，要做的事就是将传统文化的“日用而不知”普及到“日用而知”，同时用新思想、新观念、新视野、新角度、新方法对传统文化进行“取其精华，去其糟粕”的研究。

因此，我觉得传统文化很像月下之水，云上之天。有时有凌乱的月影，有时有沉重的浮云，但却无损于月的灿烂，天的清朗。记得有次向同学做调查，问到我们的民族历经艰难困苦，为何不垮不倒？我们的先人饱经忧患，为何对故土不离不弃？同学们几乎异口同声地回答，民族文化。中华民族所以具有凝聚力和向心力，我们之所以认定自己是中国人，最根本的是认同我们的文化。民族文化是我们的根，只有它才能使我们立于世界民族之林。

“千江有水千江月，万里无云万里天。”民族文化永远与民族共存。

“相忘于江湖”与“相望于江湖”

《庄子·大宗师》里有这样一段话：

> 泉涸，鱼相与处于陆。相呴以湿，相濡以沫，不如相忘于江湖。

这段话大意是说，水源干枯了，鱼儿一起在陆地上，用湿气相嘘吸，用唾液相湿润，不如在江湖中彼此相忘。

鱼儿离开水便不能存活，以湿气和唾液来相互救助是体现生死相依患难与共的人类情操。庄子却认为，与其如此，倒不如在江湖中无所作为，听天由命。

庄子反对互救的道理是：生与死都是自然规律，人没有必要去违背这种规律。违背了就是不懂“道”。在这里我想对庄子的思想做一点儿个人的发挥，即，除了应该顺从自然的因素外，庄子是否也认为人类这种“相濡以沫”的感情没有必要，甚至会对人的身心带来某些不利，而使人陷入没有必要的痛苦之中？如果这样说，有没有道理?

不禁想起多年前我在《外国文艺》中偶然读到，至今仍记忆深刻的某美国女作家写的一篇小说，名“伤心咖啡馆之歌”。内容大致是：美国南方某小镇有一非常富有而人缘极差的老太婆，她又狠又凶又贪又丑，谁见了她都会在心底骂几句。某日晚间，有一矮小丑陋衣衫破烂的人来找她，自称是其表兄，证据是一张几十年前的照片。可上面的影像因年久已变成两团白影说明不了什么。此时，这位表兄因为千里孤身投奔担心万一老太婆不肯收留无处安身而哭起来，镇上许多人心想即便如此老太婆也绝对不会发半点儿善心，结局肯定是临门一脚。没想到老太婆竟然一言不发地收留了他，并在以后的日子里对他百般关爱。附近有个倾倒了无数姑娘的俊美小伙，尽管他身边美女如云，却偏偏爱上了这个面容又凶又丑身如枯木手似鸡爪的老太婆，但老太婆偏偏对他睬也不睬。可老太婆这位表兄对这小伙却心生崇拜，整日追随其后。小伙子对这位有“情敌”之嫌的表兄，只要见到就连踢带打，但却丝毫不能减灭小矮子对他的景仰。但老太婆不能容忍自己的表兄不断挨打，于是与小伙子约定进行一场决斗。决斗那天，身强力壮的小伙子居然打不过鸡皮鹤发的老太婆，就在老太婆将要掐死小伙子的时候，她的表兄忽然纵身飞起，死死掐住老太婆的脖子。老太婆决斗失败，她表兄也追在小伙子的后面远去他乡，老太婆自此终生将自己关在家里不再出来。

看完这篇稀奇古怪的小说，真令人不得要领。而后面一小段译者的解释却让我豁然开朗。译者讲小说想说明的是，“人类的心灵不可沟通。人，只能生活在精神孤立的状态，任何感情上的波澜起伏，到头来都只是痛苦的经验”。

由此我也更深刻地领会了“相濡以沫，不如相忘于江湖”这话的含意。这话的中心是教会人们要在生活中学会“相忘”。因为人是怀有希冀的动物，尤其对自己曾经帮助过或交付过真心付出过真情的人。人们觉得我付出了多少也就应该得到与付出相等值的回报。一旦这个要求达不到，对于一般人而言，所有原先美好的一切都会在瞬间轰然坍塌，什么爱情、友情、真心、真情都将不复存在。与其最终落得这样一个结果，为什么不可以忘掉对方，至少可以不做爱人也不做仇人。牵手固然好，放手也未必不好，人生本来就是有牵有放。

又想起在我看过的一篇文章中有人这样写道：“‘相忘于江湖’对我来说有点太残酷，我似乎是做不到的。既然是有了深厚感情的人，又怎能说忘掉就忘掉呢？所以我个人更倾向相忘于江湖，不如相望于江湖。当然，我是完全站在一个现代人的立场来理解‘忘’与‘望’的，也就是彼此在远远的地方观望对方的幸福，在心底为对方留下一隅角落。因为如果大家真的都两两相忘于江湖，这个世界会不会变得太冷漠？我很喜欢的一本小说里有这样一句话‘总有一天，我们会在同一个城市毫无关系地活着，彼此观望着对方的幸福’。这正是我所喜欢的状态。”

确实如此，我们既然已经来到这个世界上，就不可能一切都顺应天命顺其自然以融入那个无所不能吐纳宇宙的“道”。我们坚信人生是有意义的，我们都在为自己努力寻找生活下去的动力和理由，在这样的生活中，我们也很自然地渴望别人赋予我们“相濡以沫”，同时我们也希望能向别人奉献“相濡以沫”。这样我们也就不可能“相忘于江湖”。所以，“相望于江湖”，对生长在现代社会的人来说，就更加和谐而美好。宛如独坐良宵，遥望天际明灭的星辰，内心便往往会感到一种充实和幸福。

“鱼乐”和“梦蝶”

庄子哲学，说到底，就是谈人与自然的关系。东晋简文帝司马昱酷好老庄之学，有一次他到华林园游玩，进园后为园中景色所迷，于是对左右侍从说了段有名的话：

> 会心处不必在远，翳然林水，便自有濠、濮间想也，觉鸟兽禽鱼，自来亲人。

其大意是，心神与自然相契之处，并不一定在名山大川之间。只要水木清华景色宜人，便自会有在濠、濮二水之滨的想法，觉得自然界中的万物主动来与人亲近。这里用了一个典故，出于《庄子·秋水》，是说某天庄子与惠子在濠水的桥上游玩，庄子见水中的鱼欢快地游动，不禁感慨道：“白鱼悠悠，多么快乐！”

惠子问：“你不是鱼，你怎么知道鱼的快乐？”

庄子反问：“你不是我，你怎么知道我不知道鱼的快乐？”

惠子说：“我不是你，当然我不知道你的快乐；可你也不是鱼，所以显然你也不知道鱼的快乐，这不很明显吗？”

庄子说：“还是把话题从头说吧！你问‘你怎么知道鱼是快乐的’这句话，就表示你已经知道了鱼的快乐才来问我。现在我告诉你，我就是在濠水的桥上知道的。”

又相传庄子曾在濠水之滨钓过鱼，所以濠、濮后世便称为“鱼乐”，与“梦蝶”一起成为庄子最主要的思想之一。“梦蝶”出于《庄子·齐物论》。是讲庄子做梦梦见自己化成一只蝴蝶，翩翩起舞到处乱飞好不逍遥。及至梦醒，发现自己还是庄子。于是恍惚中不知刚才到底是自己做梦化作蝴蝶，还是蝴蝶做梦化作自己。这叫物化。

梁简文帝是能够深刻领略庄子思想的人。人活在世上，是顺应自然亲近自然融于自然，还是反自然破坏自然叛逆自然，是人生产生苦乐、世界产生灾难的根本。这里的自然，并不能仅仅单纯理解为自然界，它是一种状态，用今天的时尚话来说，可以描绘为“保持生命的自然流程”。庄子的“鱼乐”与“梦蝶”可以给我们不少启示，首先，一个人是艺术地享受人生还是对生活进行思辨的考证，做法不同，感受各异；其次，白鱼、庄子、惠子统而言之大而言之，都不过是道的变化形式，其实并无彼此、你我、知与不知之分，斤斤于此是不懂天地万物变化的道理；再次，“梦蝶”不仅讲“物化”，更讲生死观，生若无乐，死亦无悲。但人们总爱将自己的得失祸福与他人相较，这就是痛苦的根源，也就是不懂“道”；最后，你主动投入自然怀抱还是感到自然就在你的怀抱，这是两种不同的感觉。前者天人合一，要有“合一”这一过程；后者身在其中，本身就是自然的一部分，没有“合”的必要和感觉。

庄子的理论在今人看来，也许并不十分深奥。对某些学者来说，甚至还有些浅显粗糙。但我觉得他最大的贡献是提供给今人一个看问题的视角，即，如果人们舍弃对权力财富的追求，抛弃争夺杀戮，还能不能活下去？再就是如果能活下去，是怎样一种活法？这种活法儿人们是不是乐于接受？最后是，如果抛弃权力财富争夺杀戮，人们就不能活下去，那这种不能活下去的理由是什么？庄子认为，人本来是自然的一部分，既然万物可以同生共长和谐相处，人类为什么不能？既然万物对自然的需索可以止于基本的生存需要，人类为什么做不到？因此，回到原始的淳朴状态，才是美好的归宿。一句话，庄子从不同于世俗的角度来建立自己的人生观、价值观并将其与宇宙观自然观联系起来，最终形成自己的价值体系。

庄子的理论泽及万世，妙用无穷。之所以这样说，是因其具有的广泛现实性与普遍意义。随便举个例子，有名医这样论治病与救人的关系，“治病治不了本，救人救不了心”。这句话论治病救人与世道人心真是一语中的。股票大涨，你的心狂跳；股票大跌，你血压升高；为发财，你机关算尽；为跑官，你百般钻营；得志时，狂撮暴饮；失意时，辗转反侧。如此这般，即便你一天吃三十种保健药也于事无补，鬼门关上走八十趟也毫无觉悟。这是因为你的欲望在推着你、赶着你，你不是心灵的主人，心灵反而做了欲望的奴隶。所以，先贤们早就说过“患生于多欲”。连某些明智的帝王也说“多欲不宜为人主”。但红尘滚滚欲海横流，世间有几人能罢手。

不过，我们衷心感谢伟大的先贤在两千多年前给予我们的告诫。今天，当思潮回溯到遥远的历史深处，我们心中仍充满敬畏与仰慕。

古代的时尚

多年以前，上班路上，迎面一年轻女子走过，匆匆一瞥，只见她眼眶上下红红的，像刚哭过。不大工夫，接连好几个青年女子都是这样眼眶红红的在路上行走，其中结伴同行的还有说有笑，让我有些不明白。回家后，我把这新鲜事儿向家人一说，没想到却招来家人嗤笑："你刚注意？早就流行了！这是女孩子的一种化妆，叫眼影！哪儿是什么哭！"

我明白的同时也找到了反击的武器，我说："这种时尚不新鲜，古代早就有了，两千年前就有！"家人不信，于是我告诉他们：

中国晋代干宝所著《搜神记》有这样一条记载：

> 汉桓帝元嘉中，京都妇女作愁眉、啼妆、堕马髻、折腰步、龋齿笑。愁眉者，细而曲折。啼七者，薄拭目下，若啼处。堕马髻者，作一边。折腰步者，足不在下体。龋齿笑者，若齿痛，乐不欢欣。始自大将军梁冀妻孙寿所为，京都翕然，诸夏效之。

（此事又见《风俗通》《续汉书·五行志》）

翻成白话就是：汉桓帝元嘉年间，京师妇女流行愁眉、啼妆、堕马髻、折腰步、龋齿笑。愁眉就是将眉毛画得细长而弯曲，做愁蹙状；啼妆犹如今天之眼影，做含泪状；堕马髻，喻骑马时不小心从马上掉下来，将头发摔乱，头发散乱披向一边，如今日之半面妆或乱妆；折腰步指足下无力柔若无骨的娇怯步态；龋齿笑指笑时仿佛牙痛，似笑非笑的嫣然。始作俑者是大将军梁冀之妻孙寿，京师妇女翕然从之，天下妇女也纷纷效仿。

一言以蔽之，可以概括为，描眉如蹙，发髻斜偏，步态娇弱，含羞带怨、强作欢颜。

梁冀是东汉时人，其两妹分别为顺帝、桓帝皇后。梁冀仗着外戚势力，专断朝政近二十年，骄奢残暴，无恶不作，后桓帝与宦官单超等人设计诛灭之，梁冀与妻孙寿皆自杀死。

司马光在《资治通鉴》中也提到过梁冀妻孙寿，说她善为妖态，她的堕马髻、啼妆使天下妇女纷纷效仿。中国古代对于妇女的自我修饰，好像都归于“媚术”里，有很大的贬义。而实际生活中，却又要求女为悦己者容，要美艳。

谈到孙寿，还有非常重要的一点，她实在是女子时尚的开路先锋。一提到中国古代美女，往往就有四大美女之说，但这些美人都是天生丽质，仿佛骊山之珠、和氏之璧，一出土就光艳四射惊世骇俗，而不加人工打磨，有时想想并不真实。而孙寿却是筚路蓝缕以启山林的先行者，不仅丽质天成而且巧于修容同时领导了天下时尚潮流，在历史上是不应该忘记且具有重要地位的。

由此又想到，我们的传统文化从某种意义上讲，正面临着很大危机。年轻人总体来说对古代文化比较隔膜甚至加以冷嘲，有时说到古人似乎还觉得距离不够远，于是称古人为“老古人”，似乎这样才和古代划清了界限。但是通过孙寿可以了解到，即使在今天最先锋最前卫最开放最“潮”的时尚大潮里，我们两千年前的老祖母也早早做出了榜样。换言之，两千年前的老祖母丝毫不输于今日的时髦女郎。如果再大而言之，便会感到，在无尽的时空里，只有永远的传统，没有永远的时尚，因为时尚将很快融入苍茫的传统深处。

恶搞的背后

“奇文共欣赏，疑义相与析。”

我引用这两句耳熟能详的话，可能与我下面要表达的意思不完全贴切，因为我下面引的是一则报道，并非“文”。但这则报道的内容既“奇”也有“疑”，这就是11月8日《中华读书报》“恶搞《红楼梦》是一种文化短视”一文所反映的事实：

昆明市某中学语文老师马晓东最近发现一本名叫“大话红楼”的书，对《红楼梦》中人物和情节的扭曲和窜改已到了不能容忍的地步。

> 自称“老少皆宜”，有“开胃大餐，通便利尿”功效的这本书中，宝黛初会是宝玉“性骚扰”“跳脱衣舞”的闹剧，晴雯撕扇变成了用榔头砸空调，大观园内众姑娘逢年过节都要穿着“比基尼”选美，黛玉成了“二奶”，宝钗有了“外遇”……而如此恶搞，并不是流传于网络或非法出版物，竟然是某出版社“向省新闻出版局提交了选题申请”，正规出版的“大话名著”系列。

事情到此，也许还只局限于恶搞，但其后的发展却值得人深思。当这样恶搞遭到舆论批评时，这家出版社辩称“韩国、日本也都改编了《三国演义》《水浒传》，都是为了迎合本国青少年的需要”。这倒是快人快语，问题是，《三国演义》《水浒传》是哪国的文化产品？所以，也就难怪我所引用这篇文章的作者禁不住反问：“韩国、日本糟蹋我们的文化经典，我们就需要跟着糟蹋我们的文化经典吗？在日本的网络游戏中，林黛玉成为色情场所的性奴，难道我们也要在我们的出版物中，也将‘金陵十二钗’都塑造成性奴吗？”由此，作者评论说：“站在巨人的肩上而不知心存感激，偏要狠狠地踩上两脚并啐上一口唾沫。如此心态，不能不暴露出一种小人嘴脸。”

然而，我不禁生出疑问，这仅仅是一副小人嘴脸吗？

说来也巧，就在读过这篇文章的两天后，我偶然从广播中听到某媒体记者现场采访《西游记》中孙悟空的扮演者六小龄童，话题中心就是如何对待我们的传统文化。六小龄童大致表达了这样几个意思：他现在很忙，经常到各大学给大学生们讲要了解热爱传统文化，要保护好祖国的文化遗产；他不反对改编古代名著，但反对恶搞；他从艺这么多年，经济上已足可以使他下半辈子安享清福，别人也劝他如此做。但他认为他的下半生不能这样，因为他要以余生弘扬、保护传统文化。那么是否真有必要如此呢？他举了个例子，一个日本的文化团体，到中国来拍戏，有个场地就选在中国的长城。日本也有个传统中的神魔，大概叫米大王。有段剧情说米大王来到中国，与孙悟空在长城较量，结果米大王把孙悟空的猴子猴孙消灭得一个不剩，最后打得孙悟空跪地求饶。那天恰巧六小龄童在场，马上提出交涉，日本人也以各种理由不愿去掉这场戏。但在六小龄童义正词严的交涉下，终于放弃了。

面对自己的传统文化，是借鉴外国的恶搞也来恶搞自己，还是维护自己的传统文化，这根本不是什么“改编”，以适应本国青少年需要的问题，这得问问你还有没有民族自尊心，你有没有意识到你是哪国人的问题。人家不恶搞自己，恶搞的是你，你就也跟着学会了恶搞祖宗。所以，这岂止是小人嘴脸，是什么嘴脸不言而喻。

但我还想问，跟在外国人后头恶搞祖宗的原因是什么？动力是什么？目的是什么？一言以蔽之，利。利的物化是什么？一个字，钱。为了钱，一切都可以搞了，可以装糊涂，可以装委屈，甚至可以装出“良好本意”。因为他们搞出的“红楼梦”有“通便利尿”之功效，犹如牛黄清火，但就是清不了他们自己心里那股子邪火。

由此，我对六小龄童先生表达敬意。

我也想对掀起“国学热”的人们说，国学宣传不能仅在阳春白雪的层面上，我们在阳春白雪的层面上猛搞，有些人在下里巴人的层面上恶搞。不能只紧紧盯着传统文化的提高和普及，更要时时警惕传统文化的扭曲和变异。否则，当我们的不朽之作通通变为“老少皆宜”的“开胃大餐”，并用作“巴豆大黄”以“通便利尿”时，悔之晚矣！

孔圣人和“丧家狗”

多年前，曾有本很火的书，书名《丧家狗——我看〈论语〉》。把孔子和“丧家狗”等量齐观，确是一语惊人。几千年来，虽对孔子褒贬不一，但还承认他是位思想家，即使在“文化大革命”那样的年月，也只是据家中排行蔑称其为“孔老二”。“丧家狗”引起争议自在情理之中。

不过孔圣人博得“丧家狗”的美称，查文献，也有其“咎由自取”之处。据《史记·孔子世家》载，孔子周游列国离宋去郑之时，与一部分弟子失散了，子贡也在其中。找不到老师，子贡很是着急，逢人便问，于是有人笑着说，“我看见东门有一个人，长得很体面，两腮像尧，脖子像皋陶，肩膀像子产，腰以下像大禹，但样子很狼狈，像条丧家狗”。子贡知道这一定是孔子，后来，果然在东门找到了，他便把刚才听来的话说了一遍。孔子听后笑道：“一个人的长相不足为凭，但说我像条丧家狗，一点儿不错！一点儿不错！”

但是生活中，某人于某时或某种场合自贬，或对某种玩笑也应以一笑，或认为对方的话与自己此时的境遇有相同之处，甚至以此来表示乐观，都大可点头微笑以示认同，而不会真将自己与“狗”齐观，这点作者想必也是明白的。于是作者又对所谓“丧家狗”做了这样的诠释：

> 一个有道德学问却无权无势，敢于批评当世权贵的人；一个四处游说，替统治者操心，拼命劝他们改邪归正的人；他很恓惶，也很无奈，唇焦口燥，颠沛流离，像条无家可归的丧家狗。

但此话并不令人信服。孔子在鲁国位列大夫，并非无权无势；孔子周游列国是为实现自己的政治理想，他坚定而不妥协要求统治者采纳自己的主张，而并非自作多情地替统治者操心和请求他们改邪归正；孔子从未无家可归。他只是为了能在某个国家施展自己的人生抱负和政治理想到处奔走。而无家可归的流浪狗则只是为了衣食冷暖。

《丧家狗——我看〈论语〉》的封面上端有段题记：

> 任何怀抱理想，在现实世界中找不到精神家园的人，都是丧家狗。

这句话说得不明不白。什么叫精神家园？通常理解就是某人在现实中未能施展抱负，于是在精神上为理想构建一个寄居之处。因此，任何人都能够构建一个属于自己的精神家园。特别由于它是精神层面的，因而构筑起来也绝不费事。每个人，只要他想做，他就做得到。即如孔子，难道他没有精神家园？他的政治理想，恢复周礼，不就是他的精神家园？既然他在现实世界中找得到精神家园，他也就不是丧家狗。假如作者是指一个人必须能够在现实中实现他的政治抱负，从而与他的精神追求达到完美结合，这样的人和事历史上又有几？按此标准，无数仁人志士，也就从人变狗，在漫漫几千年间惶惶不可终日地游走。而昏庸君主腐败官吏却以人的身份指点江山，笑傲群狗。

既然不是“丧家狗”，为何又以“丧家狗”命名呢？我颇有些怀疑与时下的跟风恶俗有关。其实，这本书的内容很见功夫，看得出作者在学术上功底不凡。考证精详论述周密，又有见地。但以“狗”来取作书名，令人难以苟同。特别是作者对“丧家狗”的解释，更使我难以认同。

曾见某大报上刊发的一篇热捧此书的文章，说，凡是在中国历史上那些为统治者献计献策而又不得任用的文人，都可以叫作“丧家狗”。这下问题更严重了。这位热捧的作者可能没有搞清楚为统治者献计献策并不等于卖身投靠。传统文化中，忠君与爱国不分、爱国与为民请命也不分。忠君、爱国、爱民起码在正直的文人心中是三位一体。就算他们“丧家”，那也并不是说他们人格的低下或生活的窘迫，只说明他有为国为民做事的热望和行动。不可想象，一个有正义感的文人不肯为自己的国家运筹划策，为民生请命疾呼。如果一个国家充满这种不是“丧家狗”的“狗”，那可真是“国将不国”了。由此也可见“丧家狗”的提法已经在一定程度上引起了某些人思维的混乱。

其实，孔子不因任何人的鼓噪而忽冷忽热。“宠物狗”也好，“丧家狗”也好，概与孔子无关，孔子形象的树立，早有前辈在做。回顾历史，无论对孔子褒贬如何，最终结果都“不废江河万古流”。

学者不必学炒作，做学问不在作耸人语。不管人间多少红尘翻滚，能以波澜不惊的心做实至名归的事永远是正路。

孔门之辱与法外施恩

近读明人文集，至《弇山堂别集·皇明奇事述三》“衍圣、真人同坐事”条，似有可议之处。

其文曰：

> 成化丙戌三月癸卯，衍圣公孔弘绪坐奸淫乐妇四十余人、勒杀无辜四人，法当斩，诏以宣圣，故削爵为民，以弟弘泰代没，后弘绪子闻韶袭爵。四月戊午，正一嗣教大真人张元吉坐僭用器物、擅易制书、强夺子女，先后杀平人四十余人，至有一家三人者，法当凌迟处死，下狱禁锢，寻杖一百，戍铁岭，而子玄庆得袭，元吉竟以母老放归。

孔子身后被封作文宣王，嫡系后裔被封为衍圣公，而且“世袭罔替”。其子孙不务德行，既奸妇女，又杀无辜，自己做事自己当，本与孔子无涉。妙的是统治者当斩不斩，法外施恩，仅削爵为民而已，其理由却是“为了孔子”。真不知一生追求美好道德情操的圣人地下听了，是感谢还是发怒。

明太祖朱元璋于洪武元年封张正常为正一嗣教真人，至其后人张元吉成化丙戌年间犯事儿，尚不足百年，作恶竟如此惨烈，乃至“法当凌迟处死”。这一次同样格外宽宏，其实应该说更加宽宏，因为张元吉诸多罪行中有两条属大逆不道，“僭用器物”与“擅易制书”。这两条搁在任何人头上，恐也怕难逃一死。而张元吉不过“杖一百戍铁岭”，后又因“母老放归”，居然高高兴兴回家了。我想，就是他吃的那一百棍子，也是为了让他记住如何尊重皇家的权力。至于他滥杀平民百姓，抢夺奸淫妇女，已是小小不言了。

但我又生疑问，封建法律也是法律，并非儿戏。统治者如此法外施恩，难道仅仅是“为了孔子”和为了宗教？

我自己的回答是，当然不会这么简单。经过董仲舒改造的儒学将皇帝置于至高无上的地位，所以，皇帝尊孔，就是尊奉他自己。儒家学说巩固了封建王朝的统治，并将长久而稳定地发挥这种作用，那么对孔子的后人当然要加以荫蔽了。

至于道教，明朝的皇帝，大多迷恋道法，大讲炼丹之术，希求长生不老，所以道教中这些方面的内容，恰好满足了他们个人的嗜好。同时，宗教也是他们手中可以用来稳定统治的工具。既然如此，尽管张天师的后人犯下十恶不赦的重罪，也是必要开恩的。

由此看来，无论是学说还是宗教，都必须符合统治者的统治利益和个人需要。因为还要利用，所以才皇恩浩荡。一旦没了利用价值，即便铁券丹书在手，恐也要“依律科断”了。

《北京晚报》曾有记者刘一达的一篇报道，内容说有位唐汉先生，认为从许慎到郭沫若以及古往今来的许多文字学家对汉字的解释通通是错误的，原因是：“他们受传统士大夫观念的影响，先入为主，忽略了民俗学，他们很少直接面向民间，去寻找汉字的起源。”唐汉先生认为正确的方法应该是：“以往的学者研究汉字是线性思维，平面思维，实际上从社会发展史来看，汉字的演变来源于结构学，是立体思维。在思维方法上，以往的文字学家是落伍的。”所以，唐汉“坚信汉字来自于民间，是民俗文化的直接体现……他琢磨一个汉字的来源，不是一味翻古书，而是深入到民间去采访……跟老人聊天”。

由此，唐先生的见解也确不一般，依上述理论而推之实践，唐先生认为“比如‘风’字，这是一种自然现象，怎么表现呢？在甲骨文上是画了一个屁股，再画一个点，古人认为风是一股气流。造‘用’字，是屁股上加了根木棍。造‘通’字，是在屁股上加了个三角，拉下去，就通了。古汉字基本上就是这么来的”。记者又写道："为什么传统的文字学在观念上发生问题了呢？唐汉认为'主要是因为他们忘记了这样一个事实，文字不是上层人造的，而是普通老百姓造的'。"而老百姓的创造就是因放屁而造风字，因干屎而造用字，因排便而造通字。

这使我回忆起一件往事，当年我在农村插队，有一天与一位当地青年闲扯，那位青年说："我们农村人不像你们城里人说话曲里拐弯。我们是嗓子眼对屁股眼，直来直去。"对照唐先生的理论，一切从民俗出发，我明白了"直"的本意原来如此，然后才又从人的生理结构引申到道德追求。

记者在文章最后说："他大胆的学术观点会不会得到专家学者的认可尚不可知，……但他否定权威的勇气是令人惊叹的。"并预言："也许，……会给传统的汉字研究带来冲击波。"

如此说文解字，如此勇于炒作，如此横扫权威，真令我无话可说。

纪连海先生在报上开讲乾隆年征集天下藏书家向朝廷献书时，说谕旨中有这样两句话："付之梨枣，以广流传。"纪先生对此的解释是："也不能白要人家书，这么着，赏他们俩小钱儿，买点儿梨呀枣呀的吃食去。"（用以表示赏钱不能多）这个"既生瑜，何生亮，无事生飞"（纪氏老太太生的周瑜，何氏生的诸葛亮，吴氏生的张飞。出自相声《歪批三国》）真可怕。藏书的人都知道，古代刻书用木板，最通行的是梨木或枣木。文人往往谦虚，表示自己才疏学浅，不够出版水平时，多用"灾梨祸枣"一语。乾隆的意思是，将进献上来的书由朝廷刻版刊行，为藏书家们扬名天下，以为酬谢。纪连海如此发挥谕旨，真是有违圣意。放在当时，不知该当何罪！

一词一字总关情

诗歌当中，一词一字用在恰当处，其妙无穷。

如唐李商隐诗《无题》：

> 昨夜星辰昨夜风，画楼西畔桂堂东。身无彩凤双飞翼，心有灵犀一点通。……

世人都说李商隐的无题诗最好，好就好在难解，难解给人留下无数想象、揣度、玩味的空间，乃至聚讼纷纭，乐趣无穷。可想留下这种空间并不容易，难就难在必须制造出许多意象来造就它。通观诗人词家，李商隐最为高妙。

即如这首，“昨”字运用得匠心独具。若换成“今夜星辰今夜风”，一点儿诗韵没有，而“昨”却蕴藉无限感情。为什么这样说？原来生活中，“昨夜”“昨天”是属于一段已经过去的日子。而凡是已消逝的时间，其实就是已消失的生命，不管它有时看起来多么短暂，也永远不会回来。因此我们总是充满感情地对待过去，并似乎总是能在那里头寻得某种慰藉又留下某些遗憾。“昨夜星辰昨夜风”就是这样在时间上引起联想。下句“画楼西畔桂堂东”则是在空间上留下想象，“西”“东”两个字勾出一个虚虚实实虚实结合的处所。“身无彩凤双飞翼，心有灵犀一点通。”由这两句推想，作者指的是自己所爱的一位女子。这位女子是谁？相识？不相识？初见？屡见？什么身份？歌女？舞女？婢女？妾侍？什么容貌？长脸？圆脸？长眉？弯眉？什么形体？高？矮？胖？瘦？一概没有，对此，我们可以说一无所知，但同时我们又可以说无所不知。这就是想象的作用。这四句诗里，作者用“昨夜”“西东”“双飞翼”“一点通”，为人们提供了一个无限美妙的想象世界。

鲁迅在《唐朝的盯梢》一文中，引用过一首唐人张泌的词《浣溪沙》，开头三句是：

晚逐香车入凤城，东风斜揭绣帘轻，慢回娇眼笑盈盈。

诗大意是说有轻浮少年夜晚跟在载有女子的车后奔跑，春风将车上的绣帘揭开一角，露出女子的盈盈笑脸。这里的“斜揭”和“慢回”是点睛之处。

“斜揭”表面上好像是客观事物的描绘，深处却有挑逗的意义；下一句，“慢回”，讲女子慢慢将眼光转向少年，充满娇媚之态，与上句“斜揭”所含的挑逗义正相配合。若把“斜揭”换成“吹起”，“慢回”替为“侧头”，诗韵可谓一落千丈。

所以，读诗，要反复咀嚼，方能读出味道。